AF576340

Le christianisme : une tradition de mémoire

À la redécouverte de la foi chrétienne au XXIe siècle

Religions et Spiritualité

fondée par Richard Moreau,
Professeur émérite à l'Université de Paris XII
dirigée par Gilles-Marie Moreau et André Thayse,
Professeur émérite à l'Université de Louvain

La collection *Religions et Spiritualité* rassemble divers types d'ouvrages : des études et des débats sur les grandes questions fondamentales qui se posent à l'homme, des biographies, des textes inédits ou des réimpressions de livres anciens ou méconnus.

La collection est ouverte à toutes les grandes religions et au dialogue inter-religieux.

Dernières parutions

Christine CHAILLOT, *L'Église assyrienne de l'Orient. Histoire bimillénaire et géographie mondiale,* 2020.

Emmanuel JOS, *L'Église catholique aux Antilles françaises de Christophe Colomb à nos jours, De la catholicisation à l'évangélisation*, 2019.

Sylvie GUERINEAU, *Bouddhisme de tradition tibétaine en France. Lignée Karma Kagyu. Etude de la première congrégation bouddhiste reconnue par l'Etat français*, 2019.

Guillaume MINGIEBE KABAMBA, *Impacts de la mauvaise gestion des biens de l'Église sur l'accomplissement des fins ecclésiastiques. Le cas du diocèse d'Idiofa en République démocratique du Congo,* 2019.

Voahanginirina Claire RAVAOARISOA, *La juste autonomie des instituts de vie consacrée, Eléments fondamentaux*, 2019.

Claude MULLER, *Les hauts-lieux spirituels du Dauphiné*, 2019.

Jean-Claude MULEKYA KINOMBE, ofm

Le christianisme : une tradition de mémoire

À la redécouverte de la foi chrétienne au XXIe siècle

Préface d'Andrea Bizzozero

Du même auteur

L'Église, pour quoi faire ? Que dire de son magistère en ce XXIe siècle ?
Kinshasa, Saint Paul, 2014

Le salut comme finalité de la Révélation. Une réflexion théologique sur le salut chrétien en R.D. Congo en ce XXIe siècle
Kolwezi, Éditions Franciscaines, 2016

La foi dans les constitutions dogmatiques Dei filius et Dei Verbum, Kolwezi
Éditions Franciscaines, 2018.

L'importance de la mémoire
Paris, Éditions Publibook, 2020

5-7, rue de l'Ecole-Polytechnique, 75005 Paris

www. harmattan.fr

ISBN : 978-2-343-19311-3
EAN : 9782343193113

« Le croyant est fondamentalement ‘quelqu’un qui fait mémoire’ ».

(FRANCOIS, *Evangelium Gaudium,* 13)

À la famille Kinombe Nziramoya

Remerciements

De tout cœur, nous tenons à remercier infiniment le frère Duván Arlery Tangarife García de la Province Saint Paul Apôtre – Colombie qui, grâce à la pastorale qu'il nous a confiée, avons pu publier ce livre. Nous remercions également le Professeur Andrea Bizzozero qui a accepté de rédiger la préface de ce livre. Nous exprimons notre profonde gratitude à la famille Giuseppe Bellanova et Silvana Ippolito, au ministre général Michael Perry, aux secrétaires généraux pour la Formation et les Études, Cesare Vaiani et Siniša Balajić ; au Ministre Provincial de la Province saint Benoît l'Africain, André Murhabale ; le Gardien de la Fraternité saint Antoine de Rome, Estêvão Ottenbreit ; le recteur et le vice-recteur de la Fraternité Bienheureux Gabriel Maria Allegra, Witoslaw Jerzy Sztyk et Angel José Flores Guerrero et à tous les frères de la Province saint Benoît l'Africain.

Sigles et Abréviations

AAS	*Acta Apostolicae Sedis*
Al.	*Alii* (c'est-à-dire autres)
Ap. J.C	Après Jésus-Christ
cf.	Confer (invitation à se référer à l'indication qui suit)
CIC	*Codex Iuris Canonici*
CTI	Commission Théologique Internationale
DZ	DENZINGER, H., *Symboles et définitions de la foi catholique*
DV	Constitution dogmatique *Dei Verbum*
EG	*Evangelii Gaudium*
GS	Constitution pastorale *Gaudium et Spes*
LG	Constitution dogmatique *Lumen Gentium*
NRT	Nouvelles revues théologiques
RETM	Revue d'Ethique et de Théologie morale.
RSR	Revue des Sciences Religieuses
SC	Constitution *Sacrosanctum Concilium*

Préface

« Ainsi dans l'exécution de M.G., deux qualités se manifestent : l'une est une concentration de mémoire qui dit à tout : "Lazare, lève-toi !" ; l'autre est un feu, un frisson de crayon, de pinceau, presque une fureur » (C. BAUDELAIRE, *Art mnémonique*).

Pour Charles Baudelaire, à l'origine du dessin et de la peinture se trouverait justement la mémoire ; de même dans *Boutade ou l'Origine du dessin* de Joseph-Benoit, l'amant ne peut reproduire l'effigie de la personne aimée qu'en faisant confiance à la mémoire (cfr. J. DERRIDA, *Mémoires d'aveugle. L'autoportrait et autre ruines*, Paris, 1990). L'artiste ne se limite pas à reproduire une objectivité spécifique, son objectif principal étant de rendre présente l'expérience d'un événement qui fascine sa vie : c'est pourquoi il ne peut s'appuyer que sur la mémoire de ce qu'il a subi. Ne pouvons-nous pas dire que même l'expérience chrétienne est inscrite dans le même horizon ? N'est-il pas vrai que même pour le chrétien ce n'est rien d'autre que de reproduire, avec sa propre existence, sur le voile de l'histoire, combien d'intuition, contemplée, connue du Bien-aimé ? Cela signifie qu'il n'y a pas de christianisme, si ce n'est qu'événement historique, de sorte qu'il devienne une expérience imprimée dans la mémoire d'un individu et d'une communauté : ceci, en l'absence d'une vision complète, décrira les traits du visage du Christ. L'amant ne peut faire autre chose que cela : faire mémoire du Bien-aimé pour le ramener à la vie dans l'aujourd'hui ; le christianisme ne peut être autre chose que cela : rendre présent le Christ dans la singularité d'aujourd'hui.

Parler du *christianisme comme mémoire* ne signifie pas sacraliser le passé dans le désir de pouvoir le revivre tel quel ou de le représenter comme une norme de vie : même l'enfant en croissance est bien conscient de la fécondité contenue dans la séparation des parents. *Le christianisme comme mémoire* rappelle plutôt un événement qui nous a précédé qui, d'une certaine manière, y vit déjà comme une nostalgie et qui nous interpelle. L'événement du Christ, si avec sa détermination historique nous précède, reste devant nous pour nous interpeller : aujourd'hui, la mémoire du Christ résonne pour que chacun se retrouve contemporain de son invitation à le suivre.

La réflexion théologique n'est rien d'autre que l'effort de la Communauté des croyants pour rendre l'expérience du Christ plus consciente, tout comme le fait le peintre lorsqu'il transfère la richesse de son âme dans le trait et les couleurs. Comme le peintre, la théologie sait également que ce qui est décrit dans les mots n'est qu'un indice du grand mystère de Dieu dont il se sent mis interpellé. Et pourtant, peinture et théologie savent que ce geste, à la fois timide et audacieux, est nécessaire pour que l'expérience ne se dissolve pas et que le mystère vécu devienne un geste charitable envers les autres. En effet, n'est-il pas vrai que lorsque le peintre se livre à la toile, il s'offre également comme une opportunité à l'autre ? Et la théologie ne fait-elle pas de même quand elle se souvient de l'expérience du Christ pour qu'elle devienne une possibilité pour les autres ?

Le texte de Jean Claude Mulekya Kinombe offre au lecteur l'occasion de retracer l'importance du thème de la mémoire et comment la Communauté des croyants reconnaît le devoir de *faire mémoire du Christ* : cette même Communauté est née de la *mémoire* du Christ et en représente. Elle est elle-même la *mémoire*. D'où l'invitation à une expérience chrétienne qui ne cesse de s'enraciner dans la mémoire du Christ vivant, tout en assumant la tâche de la rendre vivante avec une praxis qui en propose à nouveau l'image.

Andrea Bizzozero, ofm
Professeur de Philosophie et Théologie
Université Pontificale Antonianum de Rome

Introduction

Le christianisme se présente comme une tradition de mémoire parce que, lié à un acte originaire de la Révélation de Dieu en Jésus-Christ, de son incarnation, de sa mort et de sa résurrection. Il s'inscrit dans un contexte de collaboration de l'homme à l'œuvre divine dans la construction du monde et de l'histoire selon l'esprit évangélique. De la sorte, à travers la mémoire, la théologie prend au sérieux l'engagement de Dieu et des hommes dans l'histoire et dans la société.

En effet, la notion philosophico-théologique de la *memoria* développée tout au long de cette réflexion est d'une importance capitale pour le christianisme contemporain qui vit un nouvel âge du monde. Elle souligne le passage de la conception platonicienne de la mémoire à sa conception chrétienne. Il y a un dépassement. Au fait, dans les œuvres de Platon, l'*anamnèsis* est attendu comme un motif qui rend possible une connaissance rationnelle déjà connue. Il est à la base d'une métaphysique *a priori* de la raison et de la connaissance. Dans ce cadre, la mémoire ne renvoie qu'à la contemplation de la vérité sans aucun impact dans l'histoire. Par contre, dans le christianisme, la mémoire est considérée comme ce qui est arrivé une fois pour toutes pour être une présence permanente dans l'histoire du salut en Jésus-Christ, par lui et avec lui (cf. Rm 6,10 ; He 10,10 ; Jd 3). Elle est portée par la Tradition et l'Écriture, célébrée dans la liturgie et rappelée par le magistère de génération en génération.

Donc la Révélation judéo-chrétienne est indissociable de l'histoire signifiante du Peuple d'Israël qui culmine dans l'évènement Jésus-Christ. Cette Révélation coïncide avec le don que Dieu fait de lui-même, accueilli et interprété par la communauté apostolique. Il se poursuit dans la communauté postapostolique, l'Église, et dans la vie de chaque homme.

La mémoire chrétienne indique clairement que le rapport de Dieu avec l'homme est lié à l'histoire d'Israël et à l'Événement Jésus-Christ. Pour toutes ces raisons, le pape François affirme :

> La mémoire est une dimension de notre foi que nous pourrions appeler 'deutéronomique', par analogie avec la mémoire d'Israël. Jésus nous laisse l'Eucharistie comme mémoire quotidienne de l'Église, qui nous introduit toujours plus dans la Pâque (cf. Lc 22,19). La joie évangélisatrice brille toujours sur le fond de la mémoire reconnaissante : c'était une grâce que nous avons besoin de demander. Les Apôtres n'ont jamais oublié le moment où Jésus toucha leur cœur : 'C'était environ la dixième heure' (Jn 1,39). Avec Jésus, la mémoire nous montre une véritable 'multitude de témoins' (He 12,1). Parmi eux, on distingue quelques personnes qui ont pesé de façon spéciale pour faire germer notre joie croyante : 'Souvenez-vous de vos chefs, eux qui vous ont fait entendre la Parole de Dieu'(He 13,7). Parfois, il s'agit de personnes simples et proches qui nous ont initiés à la vie de la foi : 'J'évoque le souvenir de la foi sans détours qui est en toi, foi qui, d'abord, résida dans le cœur de ta grand-mère Loïs et de la mère Eunice' (2 Tm 1,5). Le croyant est fondamentalement 'quelqu'un qui fait mémoire'[1].

Cette réflexion s'étend sur deux chapitres. Le premier focalisera toute son attention sur le passage de la réminiscence platonicienne à la mémoire chrétienne et le second du christianisme comme mémoire.

---

[1] FRANCOIS, *Evangelii Gaudium,* 13.

Chapitre I

DE LA REMINISCENCE PLATONICIENNE A LA MEMOIRE CHRETIENNE

La mémoire fait appel à plusieurs domaines scientifiques tels que la philosophie, la théologie, la psychologie, la psychanalyse, la neurobiologie, l'éthologie, la rhétorique, la sociologie, l'étude des media et des moyens de communication, et de bien d'autres sciences. Cependant, l'objectif assigné à ce premier chapitre est celui de mettre en lumière l'approche philosophique de la mémoire en se limitant sur Platon.

En deux sections, ce chapitre étudiera la mémoire comme principe de possibilité d'une connaissance et du rapport entre l'âme et la mémoire chez Platon.

1. La mémoire : principe de possibilité d'une connaissance chez Platon

Le but de cette section n'est pas d'élaborer toute la doctrine philosophique de la mémoire, mais de souligner uniquement l'origine philosophique de cette catégorie. Pour cette raison, l'unique philosophe qui soutiendra cette réflexion est Platon[2]. Avec lui, la mémoire, l'*anamnèsis,* va

---

[2] A sa naissance, Platon était nommé Aristoclès du nom de son grand-père paternel. Il naquit à Athènes, probablement en 428 ou 427 avant Jésus-Christ. Il fut compté parmi les disciples de Socrate à partir de l'an 407 quand il avait l'âge de vingt ans. Il a été son auditeur pendant plus

au-delà des considérations psychologiques d'une faculté de conservation des souvenirs-images, elle est un principe de possibilité d'une connaissance de type rationnel acquise dès avant la naissance, mais oubliée lors de l'incarnation dans le temps. C'est par la remémoration, le ressouvenir que l'homme parvient à un savoir. L'âme y joue le rôle d'intermédiaire entre les choses sensibles et celles intelligibles. A ce sujet, elle est un concept fondamental de la philosophie platonicienne.

Dans le cadre philosophique, Platon est le premier qui traite de la *memoria*, l'*anamnèsis*, comme catégorie proprement philosophique. Pour lui, la philosophie a comme objectif de provoquer dans l'âme le mouvement de réminiscence qui lui fera prendre conscience de l'illusion du monde sensible afin qu'elle s'en dégage et se réoriente vers son principe :

> Ce que n'ignorent pas les amis du savoir, c'est que, une fois prises en main les âmes dont telle est la condition, la philosophie leur donne avec douceur ses raisons. Elle entreprend de les délier, en leur signalant de quelles illusions regorge une étude qui se fait par le moyen des yeux, de quelles illusions à son tour celle qui se fait par le moyen des oreilles et de nos autres sens ; en les persuadant encore de s'en dégager, de reculer à s'en servir, à moins de nécessité ; en leur recommandant enfin de s'assembler, de se ramasser au contraire sur elles-mêmes, de ne se fier à rien d'autre qu'à elles-mêmes[3].

Chez Platon, la théorie de la mémoire ou de l'*anámnesis* se trouve développée dans son œuvre *Ménon*[4] aussi bien dans

---

ou moins huit ans et a dû même assister à son procès. Cf. E. BREHIER, *Histoire de la philosophie*. I. *L'Antiquité et le moyen Age,* 98-99.

[3] PLATON, *Phèdre,* 249bc.

[4] PLATON, *Ménon*.

le *Phédon*[5] et le *Théétète*[6]. Pour acquérir la vertu, quelques épisodes rapportent le dialogue entre Ménon et Socrate et permettent de saisir ce qu'est la réminiscence platonicienne. En voici un de ces épisodes : « Mais comment vas-tu t'y prendre, Socrate, pour chercher une chose dont tu ne sais absolument pas ce qu'elle est ? Quel point particulier, entre tant d'inconnus, proposeras-tu à ta recherche ? Et à supposer que tu tombes par hasard sur le bon, à quoi le reconnaitras-tu, puisque tu ne le connais pas ? »[7].

Socrate répond aux questions soulevées par Ménon en affirmant la nécessité d'une vertu à l'avance pour apprendre ce qu'elle est vraiment. Il s'en exprime ainsi :

> Je vois ce que tu veux dire, Ménon. Quel beau sujet de dispute sophistique tu nous apportes là ! C'est la théorie selon laquelle on ne peut chercher ni ce qu'on connaît ni ce qu'on ne connaît pas : ce qu'on connaît, parce que, le connaissant, on n'a pas besoin de le chercher ; ce qu'on ne connaît pas, parce qu'on ne sait même pas ce qu'on doit chercher[8].

A travers ce dialogue, Socrate est convaincu que l'homme n'est jamais dans une ignorance totale au sujet d'un savoir de type rationnel, il a en lui une prédisposition lui permettant une certaine connaissance. C'est par la dialectique qu'il doit prendre conscience maximale de ce qu'il sait et de ce qu'il ne sait pas et de fonder sa conscience rationnelle sur une vérité connue d'avance, mais oubliée par son arrivée dans l'espace et le temps, néanmoins rappelée

---

[5] PLATON, *Phédon*.
[6] PLATON, *Théétète*.
[7] PLATON, *Ménon*, 80b.
[8] PLATON, *Ménon*, 80e.

par l'aide de la mémoire. Cette dialectique est proprement dite la maïeutique[9].

Au sujet de la distinction entre l'opinion vraie et la connaissance, Socrate affirme :

> Ce sont les opinions vraies. Celles-ci également, tant qu'elles demeurent, il faut se féliciter, car elles ne produisent que des avantages ; mais elles ne consentent pas à rester longtemps et s'échappent bientôt de notre âme [...] tant qu'on ne les a pas enchaînées par un raisonnement de causalité. Or c'est là, mon cher Ménon, ce que nous avons précédemment reconnu être une réminiscence. Les a-t-on enchainées, elles deviennent sciences[10].

L'homme qui parvient à une opinion sans savoir si elle est vraie ou non, n'a pas la connaissance de cette opinion. Par conséquent, la connaissance de ce qu'il sait et de ce qu'il ne sait pas, est une forme supérieure de connaissance de soi et implique une grande conscience de sa nature de ses opinions. Ainsi, le rapport inné à la nature de choses est in-

---

[9] Par analogie avec le personnage de la mythologie grecque Maïa, qui veillait aux accouchements, la maïeutique est une méthode ou une technique qui consiste à bien interroger une personne pour lui faire exprimer ou accoucher des connaissances. Elle consiste à faire accoucher les esprits de leurs connaissances. C'est-à-dire, elle est destinée à faire exprimer un savoir caché en soi. En se référant au *Théétète* de Platon, cette méthode fut inventée par Socrate. Contrairement à l'ironie socratique qui faisait comprendre à l'interlocuteur que ce qu'il croyait savoir n'était qu'une croyance, une préjugée ou une idée sans fondement car ce que l'on sait est que l'on ne sait pas, la maïeutique, quant à elle, s'appuie sur la théorie de la réminiscence pour faire ressurgir des vies antérieurs les connaissances oubliées. Ainsi, la nature entière étant homogène et l'âme ayant tout appris, rien n'empêche qu'un seul ressouvenir ou savoir lui fasse retrouver tous les autres, si l'on est courageux et tenace dans la recherche ; car la recherche et le savoir ne sont au total que réminiscence. Cf. PLATON, *Ménon*, 81d ; PLATON, *Théétète,* 149a.

[10] PLATON, *Ménon*, 97e-98a.

conscient, c'est par la réminiscence qu'une opinion inconsciente devient une opinion vraie à l'aide d'une conscience et devient alors une connaissance. Il y a passage d'un contenu inconscient à une conscience.

Abondant dans le même sens, dans un autre passage du *Ménon*, Socrate est certain que l'homme ne peut pas connaître les propriétés accidentelles d'une chose avant ses propriétés essentielles, c'est-à-dire, sans savoir ce qu'est la chose en soi : « Je me reproche à moi-même de ne savoir absolument rien de la vertu. Ne sachant pas ce que c'est, comment saurais-je qu'elle est ? Crois-tu qu'on puisse, sans savoir qui est Ménon, savoir s'il est beau, riche et noble, ou tout le contraire ? Juges-tu que ce soit possible ? »[11].

Ces différents passages énumérés ci-haut rassurent que, pour Platon, l'acquisition d'une connaissance sur une chose est impossible si la chose demeure inconnue de l'apprenant ; elle est plutôt possible que par une reconnaissance acquise bien avant de la chose. C'est au fait cela qu'il a pelle la « réminiscence »[12]. Cette dernière est à la base de la métaphysique de la raison ou de la connaissance *a priori* chez Platon.

Platon est donc convaincu que si l'esprit, par la simple réflexion (guidé ou non par les interrogations du maître) peut découvrir des vérités, ce qu'il les possédait déjà en lui-même ; c'est par la simple réflexion que l'esclave interrogé par Socrate découvre que le carré double d'un autre est celui qui est construit sur la diagonale[13]. Or, découvrir une vérité que l'on possédait déjà, c'est se ressouvenir. C'est cela la théorie platonicienne de la réminiscence ou de la mémoire.

Grâce à la réminiscence, la connaissance d'une vérité est le souvenir d'un état ancien. Elle est le ressouvenir par l'âme des connaissances qu'elle a acquises en dehors de son

---

[11] PLATON, *Ménon*, 71b.
[12] PLATON, *Ménon*, 81d.
[13] Cf. PLATON, *Ménon*, 82b – 85b.

séjour dans un corps et qu'elle a perdues lors de sa réincorporation. L'acquisition de la connaissance débute ainsi par une reconnaissance. Voilà pourquoi, la théorie de la réminiscence sert, tout à la fois, à démontrer l'immortalité de l'âme et l'existence de réalités intelligibles chez Platon[14]. De quoi s'agit-il ? Voilà une fenêtre qui s'ouvre pour parler de l'âme en rapport avec la mémoire.

2. Le rapport entre l'âme et la mémoire dans la philosophie platonicienne

La question platonicienne de l'âme est le thème central du *Phédon.* Cette œuvre n'aborde pas la question de la définition de l'âme, mais du comment l'âme se comprend elle-même. D'où la distinction de deux catégories d'hommes : des hommes ordinaires et des 'vrais philosophes'.

En effet, les hommes ordinaires ne se rendent pas compte qu'ils se ressouviennent parce qu'ils accordent la réalité qu'à ce qui est sensible et matériel. Ils vivent par conséquent au niveau de la sensation. Dans ce sens, l'âme ne peut qu'attribuer l'être aux choses qui les lui procurent, « rien d'autre ne lui semble vrai que ce qui a une forme corporelle, qui peut se toucher, se voir, se manger et servir à l'amour »[15]. Leur âme ne se limite qu'au sensible et au corporel. De même, ces hommes craignent pour leur âme qu' « à l'instant même où elle est séparée, elle ne s'en aille en s'envolant et ne soit absolument plus rien »[16]. Donc, pour des hommes ordinaires, l'âme est une chose concrète[17].

---

[14] Cf. E. BREHIER, *Histoire de la philosophie*. I. *L'Antiquité et le moyen Age,* 117-118.

[15] PLATON, *Phédon,* 81b.

[16] PLATON, *Phédon,* 70a.

[17] PLATON, *Phédon,* 85e.

Par ailleurs, des « vrais philosophes »[18], sont ceux qui ont conscience de l'existence de l'intelligible. Ce sont ceux qui ont oublié le rôle de la sensation en ne se contentant que du monde des idées. Pour eux, la réalité est divisée en deux, la réalité intelligible et la réalité sensible, par conséquent l'âme est intelligible et le corps sensible. De ce fait, le corps se présente comme la prison de l'âme. C'est dans ce sens, pour Platon, « l'âme pure est emprisonnée dans un corps qui entrave sa vision spirituelle »[19]. D'où la dualité ontologique, corps et âme. Cette dernière est séparée du corps et est conçue comme une pure pensée, coupée de toute fonction corporelle. Emprisonnée dans un corps, elle est incapable de contempler les réalités en soi, les réalités intelligibles. Dans le dialogue, Socrate fait appel à la réminiscence pour monter que l'âme existait « avant d'être attachée au corps »[20]. D'où l'affirmation de l'immortalité de l'âme.

Dans *l'Apologie de Socrate,* Platon affichait un doute sur l'immortalité de l'âme[21]. Cependant, au sujet de la réminiscence, il en est convaincu. Dans sa conception de la réminiscence, l'immortalité de l'âme est la condition de la science et de l'intelligible. Si le corps est périssable ; l'âme, quant à elle, est impérissable, et, est donc le dépôt de toutes les connaissances, elle vit au contact immédiat des idées pures dans le monde intelligible. Elle est à même de se rappeler de ce qu'elle a vu dans l'*Hadès*. Il s'en exprime de la sorte :

> Ainsi l'âme, immortelle et plusieurs fois renaissante, ayant contemplé toutes choses, et sur la terre et dans l'*hadès*, ne peut manquer d'avoir tout appris. Il n'est donc pas surprenant qu'elle ait, sur la vertu et sur le reste, des souvenirs de ce

---

[18] PLATON, *Phédon,* 77d .80d.10.
[19] PLATON, *Phédon,* 82e.
[20] PLATON, *Phédon,* 92a1.
[21] Cf. PLATON, *Apologie de Socrate,* 29ab.

> qu'elle en a su précédemment. La nature entière étant homogène et l'âme ayant tout appris, rien n'empêche qu'un seul ressouvenir (c'est ce que les hommes appellent savoir) lui fasse retrouver tous les autres, si l'on est courageux et tenace dans la recherche ; car la recherche et le savoir ne sont que réminiscence[22].

De ce qui précède, connaître pour Platon, c'est se souvenir, se remémorer. Ainsi, il se note la fondation de la connaissance rationnelle sur une vérité préalablement sue, mais oubliée et ressouvenue à l'aide de la réminiscence.

De la sorte, la théorie de la réminiscence est en relation avec celle des Idées. Elle est en harmonie parfaite avec la conception du sensible comme image imparfaite de l'intelligible et se rattache aussi à la réfutation de la proposition des sophistes selon laquelle l'on ne peut rechercher que ce que l'on ne sait pas. Pour Platon : « Il n'est pas possible à l'homme de rechercher ni ce qu'il ne sait ni ce qu'il ne sait pas ; car il ne cherchera point ce qu'il sait, puisqu'il le sait et que cela n'a point, par la raison qu'il ne sait pas ce qu'il doit chercher »[23]. C'est ainsi qu'il n'est pas possible cette considération de chose, car dans la supposition même où l'on trouverait ce qu'on ignorait d'abord, comment pourrait-on savoir qu'on a trouvé précisément ce que l'on recherchait, puisqu'on n'en avait auparavant aucune connaissance. En conséquence, pour Platon, la science ne peut avoir son origine dans l'ignorance absolue. Elle est le développement ultérieur d'une science primitive, confuse et générale, car selon la théorie de la réminiscence, savoir c'est simplement se ressouvenir de ce qu'on avait oublié[24].

Dans le *Phèdre,* Platon montre que l'âme humaine est caractérisée par le manque, d'où sa recherche du bonheur et son insatisfaction par les réalités sensibles. L'âme humaine

---

[22] PLATON, *Ménon*, 82cd.
[23] PLATON, *Ménon*, 80e ; 86b.
[24] Cf. A. FOUILLEE, *La philosophie de Platon,* 249.

ne trouve son bonheur que dans la contemplation des réalités absolues. Néanmoins, se trouvant séparée d'elles, l'âme humaine en garde besoin et cherche à combler le vide. C'est son premier manque qui indique clairement la différence entre l'âme humaine et l'âme divine. Cette dernière est le plus haut statut spirituel qui oriente vers les êtres véritables et gouverne le cosmos sans intérêts égoïstes[25].

Le deuxième manque de l'âme humaine est la perte des ailes lui permettant de diriger son mouvement vers les réalités en soi. Ainsi, elle s'incline vers des instincts de plaisirs sensibles, vers toute forme d'animalité, incapable de la satisfaire totalement. D'où, les âmes inférieures possèdent un mauvais cheval qui les détiennent toujours à être esclaves de leur animalité et les inclinent toujours à la recherche des plaisirs corporels jamais satisfaits[26]. C'est par la réminiscence que l'âme humaine est capable d'orienter son existence vers les réalités intelligibles. Par conséquent, les animaux n'ayant aucune mémoire de leurs expériences[27], vivent complètement immergés dans le sensible.

En somme, cette section philosophique a présenté l'*anamnèsis* comme une catégorie fondamentale dans la philosophie platonicienne. Dans les œuvres de Platon, l'*anamnèsis* est considéré comme un motif qui rend possible une connaissance rationnelle déjà connue. Il est ainsi à la base d'une métaphysique *a priori* de la raison et de la connaissance. Dans ce sens, la mémoire ne renvoie qu'à la contemplation de la vérité. L'histoire n'étant qu'une répétition de l'idéal contemplé, la mémoire est une contemplation des réalités en soi sans aucun impact dans la réalité historique que connait l'homme dans le monde. Dans la suite, Augustin s'en inspirera.

---

[25] Cf. PLOTIN, *Phèdre,* 246b-c.

[26] Cf. PLOTIN, *Phèdre,* 255e. 256c.

[27] Cf. PLOTIN, *Phèdre,* 247d. 248b.

Ainsi, le chapitre suivant s'engagera à l'originalité du christianisme comme une tradition de mémoire mettant en évidence la promesse divine dont les hommes en assument la responsabilité dans le monde.

CHAPITRE II

LE CHRISTIANISME : UNE MEMOIRE

Dans ce chapitre, il sera question de montrer que la foi et la piété des juifs et des chrétiens trouvent leur fondement dans des événements sauveurs qui, de leur tour, constituent leur mémoire vivante. Ce qui revient à dire que la Révélation judéo-chrétienne ne se rapporte pas à une métahistoire d'ordre mythique, mais à une histoire. Elle fait cette histoire[28].

Les lieux sur lesquels s'inscrit cette mémoire sont la Révélation, l'Écriture Sainte, la Tradition, le magistère, la liturgie. Et la théologie, qui est un discours sur Dieu, s'appuie sur la mémoire en intégrant l'action de Dieu dans sa réflexion en prenant en considération des événements fondateurs. La mémoire de ces événements donne force dans le présent, rendent la foi pratique et porteuse d'un futur. Dans ce sens, comme une réinterprétation créatrice du message chrétien, pour Geffré, la théologie assume la fonction anamnestique, elle est anamnèse et prophétie : « La Parole de Dieu a été accomplie une fois pour toutes en Jésus le Christ, l'acte théologique est traversé par une tension irréductible entre une foi transmise historiquement par les premiers témoins et la nécessité toujours nouvelle de comprendre et d'actualiser la foi aujourd'hui »[29].

---

[28] Cf. A. SOLIGNAC, *Mémoire,* 992.
[29] C. GEFFRE, *Le christianisme au risque de l'interprétation,* 91.

Quatre points seront développés : D'abord, la mémoire comme origine fondante du judéo-christianisme, ensuite la Tradition et l'Écriture, porteuses de la mémoire ; le magistère comme organe de rappel de mémoire dans l'aujourd'hui ; la liturgie comme célébration de la mémoire ; et enfin la mémoire comme catégorie herméneutique dans la réflexion théologique de saint Augustin.

1. La mémoire : origine fondante du judéo-christianisme

Le judéo-christianisme trouve sa raison d'être dans les premiers pas de Dieu vers l'homme. A ce dernier, Dieu s'est révélé et a fait alliance. Cette Révélation constitue la mémoire du peuple de Dieu. Le champ biblique, la Tradition, le magistère et la liturgie offrent une vaste compréhension de la mémoire du point de vue théologique.

1.1. La mémoire, une catégorie biblique

L'Écriture sainte qu'est la consignation écrite tangible et permanente de la Parole de Dieu place à son centre la catégorie de la mémoire[30]. Son intérêt pour la mémoire est d'ordre théologique. Dieu en est l'auteur et le sujet. C'est lui qui se laisse voir dans les événements concrets et appelle son peuple d'en faire mémoire : « Interroge donc les anciens âges, qui t'ont précédé depuis le jour où Dieu créa l'homme sur la terre : d'un bout du ciel à l'autre y eut-il jamais si auguste parole ? » (Dt 4,32).

Au fait, le terme mémoire n'a pas une signification univoque dans les traditions bibliques. Il se réfère d'une part,

---

[30] «La Scrittura è il luogo, che registra per eccellenza e in modo normativo per sempre l'avvento divino nella storia; è la vera 'casa' della Parola, dove essa abita nelle parole degli uomini, espresse dalla chiesa nascente sotto l'azione dello Spirito Santo mediante l'opera degli autori ispirati». B. FORTE, *La teologia come compagnia,* 169.

aux rencontres faites dans le passé, à travers lesquelles s'est conclue l'alliance avec Yahvé ; d'autre part, il les actualise dans le moment présent en renforçant l'alliance, en invitant de vivre avec intensité le présent ; et enfin il oriente le futur.

De la sorte, le verbe grec *anamnèskein* et son substantif correspondant *anamnèsis* qui servent parfois, dans la *Septante,* à rendre la racine hébraïque *zkr,* qui signifie «se souvenir », « faire mémoire », *azkarah :* « rappel », « évocation » a un sens polysémique dans la Bible. Pour en découvrir le sens, il sied de s'en tenir à certains passages de l'Ancien et du Nouveau Testament. Pour ceux-ci, la mémoire fait appel d'une part, au souvenir de Dieu de son peuple pour le combler de ses bienfaits (cf. Gn 8,1 ; 19,29 ; Ex 2,24 ; 1 S 1,19 ; Ne 13,14 ; Ps 98,3 ; Jr 2,2 ; Lc 1,54 ; Ac 10,4.31), mais aussi, dans le livre d'Osée, dans le but d'inviter son peuple à la conversion, Dieu se souvient de lui pour le punir (Os 8, 13). Dans ces quelques passages cités, le sujet de la mémoire est Dieu.

Par ailleurs, dans les passages qui ont pour l'homme le sujet, la mémoire fait appel au souvenir que l'homme doit nourrir envers Dieu en rappelant les merveilles qu'il lui a faites grâce (cf. Sg 12,22 ; Lc 24,6-9 ; Ac 11,16) et aussi elle invite de se souvenir des personnes (cf. 1 M 12,11 ; Sg 10,7), d'immortaliser les personnes justes et héroïques (cf. 1 M 3,7 ; 13,29 ; Pr 10,7 ; Si 49,9).

De sa part, Jésus recommande à ses disciples de faire mémoire de lui (cf. Lc 22,19 ; 1 Co 11, 23-24). On y reviendra dans la suite. Enfin, la mémoire est la conservation des hauts faits de Dieu dans le cœur (cf. Dt 11,18 ; Jdt 11,10 ; Pr 3,1-3 ;4,4 ; 4,21 ; 7,1-3 ; Lc 2,19 ; 1Co 4,17). Abondant dans le même sens, certains écrits bibliques ont la valeur de la mémoire dans le sens qu'ils conservent et aident le peuple d'Israël à se rappeler des hauts faits de Dieu dans leur histoire. Citons en exemple 2 Ch 13,22 ; 24,27 ; Esd 4,15 ; Est 6,1.

Si on le voit bien, le vocabulaire faisant appel à la catégorie biblique de la mémoire est contenu dans les textes exiliques et post-exiliques[31]. En effet, le peuple d'Israël, en l'an 587-538 av. J.C., est parti en exil en Babylone. Au retour de l'exil, deux traditions se confrontent au sujet de l'identité politique et religieuse d'Israël. D'une part, la tradition deutéronomiste conçoit Israël comme le peuple élu avec lequel Dieu lui-même a cheminé tout au long de l'histoire. Les chapitres 7 à 9 du livre du Deutéronome se présentent comme une libre relecture de l'histoire d'Israël ayant pour finalité l'exhortation du peuple à garder sa fidélité à l'alliance, à ne pas se décourager, et à refuser de rendre un culte aux dieux étrangers.

Dans ce sens, la finalité de la mémoire est non seulement de présenter des événements fondateurs comme déterminant pour la vie présente du peuple (cf. Dt 7,16-18), mais aussi inviter à la transformation de la vie présente (cf. Dt 15,12-15). De la sorte, l'oublie est la réfutation concrète de Dieu (cf. Ps 137).

D'autre part, pour la tradition sacerdotale, Israël est la communauté sainte, dont la sainteté, voulue par Dieu, transcende l'histoire[32].

A côté du verbe *zakar,* le substantif *zikkarôn* signifie mémorial. Dans la même perspective que le verbe *zakar,* il invite à garder mémoire de la sortie d'Égypte (cf. Ex 13,9). Il fait également référence aux actions cultuelles indiquant un signe, un objet rituel qui renvoie à un événement fondateur dans l'histoire d'Israël. En invitant de faire-mémoire pour rendre présent l'événement passé, le but est de préserver l'histoire de l'oubli, l'action passée se rend présent et donne force pour affronter l'avenir. Subséquemment, le substantif

[31] Cf. O. ARTUS, «De l'acte de mémoire à la mémoire ritualisée dans les livres de l'Exode et du Deutéronome», 77.

[32] Cf. O. ARTUS, «De l'acte de mémoire à la mémoire ritualisée dans les livres de l'Exode et du Deutéronome», 76.

zikkarôn joue deux dimensions essentielles « l'actualisation du passé dans le présent, le souvenir de Dieu qui donne la force de cheminer vers l'avenir et de construire le royaume qui est présent et qui vient »[33].

Ce parcours sur la mémoire comme catégorie biblique souligne l'originalité de la mémoire comme une catégorie capable de rendre compte du rapport d'Israël avec son histoire. A la mémoire est confiée tous les hauts faits de Dieu : « Pour la Bible, se rappeler (*zkr*) ce n'est pas cultiver une image, c'est faire surgir une réalité toujours cachée et toujours présente »[34]. Ainsi, la mémoire est au cœur des événements fondateurs du peuple de Dieu.

1.2. La mémoire au cœur des événements fondateurs du peuple de Dieu

La catégorie biblique de la mémoire fait référence aux événements fondateurs du peuple d'Israël comme peuple de Dieu. Elle suscite d'autres catégories telles que l'alliance et la pâque.

1.2.1. *L'alliance*

Le thème de la mémoire dans la théologie de l'Ancien Testament comme dans le Nouveau a pour tâche d'élaborer une réflexion sur l'alliance conclue par Dieu avec l'homme. Le terme 'alliance', en hebreux *b^e^rit, diathêkè* dans la Septante, se trouve au cœur de la mémoire d'Israël exprimant son lien avec Dieu. Son importance est qu'il constitue la mémoire d'un peuple.

Avant qu'elle ne concerne les rapports des hommes avec Dieu, la catégorie d'alliance appartient à l'expérience sociale et juridique des hommes. Depuis les temps anciens, les hommes se lient entre eux par des pactes et des contrats

---

[33] B. FAIVRE, «Eucharistie et mémoire», 278

[34] P. BEAUCHAMP, «Le Message Biblique», 35.

impliquant des droits et des devoirs le plus souvent réciproques. Ils s'engagent par serment de fidélité en utilisant quelques pratiques telles que, couper en deux des animaux (cf. Jr 34,18), verser du sang dans un verre de bière et le boire ensemble en signe de pacte de sang. Par ces gestes, les hommes établissent un mémorial, soit ils plantent un arbre ou dressent une pierre qui seront désormais les témoins du pacte (cf. Gn 21,33 ; 31,48ss).

La Bible retient quelques alliances, d'une part, des alliances de paix qui se font entre des gens égaux qui veulent s'entraider (cf. Gn 14,13.21ss ; 21,22ss ; 26,28 ; 31,44ss ; 1R 5,26 ; 15,19) ; des alliances entre des frères (cf. Am 1,9) ; des pactes d'amitiés (cf. 1 S 23,18), et le mariage lui-même (cf. Ml 2, 14). D'autre part, il y eut des alliances de vassalité, conclues entre le puissant qui promet la protection au faible qui, de son tour, le servir (cf. Jos 9,11-15 ; 1 S 11,1 ; 2 S 3,12ss)[35].

Enfin, dans l'Ancien Testament, le terme alliance commande toute la pensée religieuse du peuple d'Israël. Du point de vue théologique vétérotestamentaire, toutes les alliances faites par Dieu avec son peuple se ramènent à deux : l'alliance aux pères et l'alliance des pères aux fils. Ces alliances constituent le fondement de l'espérance, la garantie de la présence de Dieu et la certitude du futur promis, car elles révèlent la 'mémoire de la mémoire' de l'Éternel [36].

En effet, l'alliance aux pères est celle conclue par Dieu avec Abraham, Isaac et Jacob (cf. 2 R 13,23). Néanmoins, les récits bibliques de patriarches (cf. Gn 12-50), qui racon-

---

[35] Cf. X. LEON-DUFOUR, *Vocabulaire de théologie biblique,* 29.

[36] Une considération assez importante est celle de Bruno Forte: « Se la memoria del Dio d'Israele è per la fede biblica fondamento della speranza, garanzia del presente e certezza del futuro promesso, il ricordo delle Sue gesta da parte del popolo santo è 'memoria della memoria' dell'Eterno, della Sua indefettibile fedeltà, che assicura l'adempimento delle promesse ». F. BRUNO, *La teologia come compagnia,* 180.

tent les promesses faites par Dieu à eux, sont essentiellement théologiques[37]. Ils ont été écrits dans le premier millénaire avant le Christ avec l'objectif prédominant de fixer des affirmations sur Israël politique et religieux du premier millénaire. Ils insistent sur trois moments importants : l'élection, la bénédiction et l'alliance.

Pour le cas d'Abraham, par exemple, l'hébreu Abram, devenu Abraham. C'est au cours du deuxième millénaire avant Jésus-Christ, plus précisément entre le XVIIème et le XVIIIème siècle avant notre ère qu'il quitta la cité chaldéenne d'Ur pour se diriger vers Harran, au nord-ouest de la Mésopotamie. Puis, il alla vers le sud, à Sichem, où il séjourna, avant de conduire ses caravanes entre la Palestine et l'Égypte (cf. Gn 13,1-3)[38]. Initialement, Dieu le choisit en l'invitant de laisser son pays et sa famille, ensuite, il lui promet de faire de lui une grande nation et le bénira (cf. Gn 12,1-3 ; 17,3-8). Cette bénédiction n'est pas exclusivement à lui seul, mais elle se répandra sur toutes les familles de la terre (cf. Gn 15) et ses descendants, aussi nombreux qui rendront un culte à Yahvé. Ils constitueront le peuple de Dieu. De ce fait, Abraham est ainsi l'ancêtre du peuple d'Israël. Le livre de l'Exode établit un rapport explicite entre l'alliance avec Abraham, Isaac et Jacob (cf. Ex 6, 3-4).

L'alliance conclue par Dieu avec Abraham, par la suite, elle s'est répandue à sa descendance, par l'intermédiaire de Moïse, et elle devient pour tout Israël. Elle est par conséquent l'alliance des pères aux fils d'Israël. Une fois qu'ils ont été libérés de l'esclave de l'Égypte, ils arrivent à la montagne choisie pour l'alliance (cf. Ex 19,1). À eux, Dieu fait une proposition : « Maintenant, si vous écoutez ma voix et gardez mon alliance, je vous tiendrai pour mon bien propre parmi tous les peuples, car toute la terre est à moi. Je

[37] Cf. R. FABRIS, ed., *Introduzione generale alla Bibbia,* 69.
[38] Cf. P. RIVIERE, *Le livre des religions Monothéistes,* 11.

vous tiendrai pour un royaume de prêtres, une nation sainte » (Ex 19,5-6).

Le contenu de l'alliance est clair, si le peuple s'engage de le garder fidèlement, de sa part, Dieu élira le peuple comme son peuple, en en faisant une nation grande. En acceptant ses closes par Israël, Moise est désigné comme le médiateur entre Dieu et son peuple (cf. Ex 19,9.19 ; 20,19-21). En peu de mot, « c'est dans la célébration de l'Alliance à l'Horeb qu'Israël naît comme peuple de Dieu »[39].

Cependant, deux rituels différents de la conclusion de l'alliance avec Israël sont contenus dans le livre de l'Exode. Dans le premier récit, Moïse, Aaron et les anciens prennent un repas sacré en présence de Yahvé qu'ils contemplent (cf. Ex 24,1ss). Le second, quant à lui, issue de la tradition liturgique, parle de Moïse qui élève douze stèles pour les douze tribus d'Israël et un autel pour le sacrifice. Il offre des sacrifices, verse une partie du sang sur l'autel et en asperge le peuple, pour marquer l'union qui se noue entre Dieu et Israël, son peuple. Alors le peuple s'engage solennellement à observer les clauses de l'alliance (cf. Ex 24,3-8). Dans ce rituel, le sang de l'alliance joue un rôle essentiel, ainsi que divers objets en perpétueront le souvenir, attestant pour les siècles l'engagement initial d'Israël : L'arche d'alliance, qu'est un coffret dans lequel sont déposées la Loi et la tente. La loi est en même temps le mémorial de l'alliance et le signe de la présence de Dieu en Israël (cf. Ex 25,10-22 ; Nb 10,33-36) et la tente où elle est placée, esquisse du Temple futur, est le lieu de rencontre entre Dieu et son peuple (cf. Ex 33,7-11). Ainsi, l'alliance du Sinaï ou Horeb constitue le lien perpétuel du culte israélite avec l'acte initial qui a fondé la nation[40].

Cette alliance se trouve raconter dans le livre de l'Exode. L'initiative de faire alliance avec le peuple d'Israël est Dieu

---

[39] E. CHARPENTIER, *Pour lire l'Ancien Testament,* 31.

[40] Cf. X. LEON-DUFOUR, *Vocabulaire de théologie biblique,* 31.

lui-même. Son projet est de libérer ce peuple de l'esclavage d'Égypte et de l'installer à Canaan, la terre promise à leurs pères (cf. Gn 12,7 ; 13,15 ; Ex 3,7-10.16ss), et cela parce que Israël est son peuple (cf. Ex 3,10). Pour les auteurs deutéronomistes, le but de la mémoire est de relire l'histoire d'Israël en exhortant le peuple de rester fidèle à l'alliance (cf. Dt 7-9). Tandis que pour les auteurs sacerdotaux, l'évocation de la mémoire du passé c'est pour stigmatiser les infidélités d'Israël afin de les inviter à la sainteté devant Dieu (cf. Nb 13-14 ; 16-17 ; 20,1-13). Ces textes sur l'alliance entre Dieu et Israël constituent un ensemble de traditions narratives à transmettre de génération en génération et sont reconnus par Israël comme faisant autorité[41].

Dans le Nouveau Testament, le terme *diathêkè* occupe aussi la place centrale dans les récits de la dernière cène de Jésus avec ses apôtres. Jésus l'utilise en parlant du calice. La formule la plus brève est celle de Marc : « Ceci est mon sang, le sang de l'alliance, qui va être répandu pour une multitude » (Mc 14,24) ; Matthieu, quant à lui, souligne ceci : « pour la rémission des péchés » (Mt 26,28). En fin, un accent tout particulier se trouve chez Paul et Luc par le fait d'ajouter à alliance l'adjectif « nouvelle » (1Co 11,25 ; Lc 22,20). Tous ces éléments montrent clairement qu'à la dernière cène, Jésus se regarde comme le Serviteur souffrant (cf. Is 53,11ss) et considère sa mort comme un sacrifice expiatoire (cf. Is 53,10). C'est ainsi qu'il devient le médiateur d'alliance qui laissait entrevoir le Message de consolation (cf. Is 42,6). De même, le « sang de l'alliance » rappelle la conclusion de l'alliance du Sinaï dans le sang (cf. Ex 24,8). De la sorte, dans la nouvelle alliance, ce n'est plus un agneau qui est offert en sacrifice, mais c'est le Christ lui-même qui se livre. La mort du Christ, à la fois

[41] Cf. O. ARTUS, «De l'acte de mémoire à la mémoire ritualisée dans les livres de l'Exode et du Deutéronome», 87.

sacrifice de Pâque, sacrifice d'alliance et sacrifice expiatoire, conduit à leur accomplissement les figures de l'Ancien Testament[42].

Ce parcours sur l'alliance ouvre à un autre événement fondamental dans la tradition juive, la pâque.

1.2.2. *La pâque comme fête de la mémoire*

Le terme pâque, provient du grec *pascha,* d'une parole hébraïque et araméenne *pèsah, pashâ.* La Bible rapproche *pèsah* du verbe *pasah,* qui signifie soit boiter, soit exécuter une danse rituelle autour d'un sacrifice (cf. 1 R 18,21.26), soit, au sens figuré, « sauter », « passer »[43]. De là, le substantif de pâque comme passage.

En se basant sur Ex 5,1-3 ; 10,8ss, à l'origine, pour les israélites, la pâque constituait une fête familiale, célébrée la nuit, à la pleine lune de l'équinoxe de printemps, le 14 du mois d'*abib* ou des épis, appelé nisan après l'exil. Pendant cette célébration, chaque famille offrait à Yahvé un jeune animal, un agneau ou un chevreau, mâle, sans défaut (cf. Ex 12, 3-6), né dans l'année, pour attirer les bénédictions divines sur le troupeau. Il était interdit de briser son os (cf. Ex 12,46 ; Nb 9,12). En signe de préservation, son sang était mis à l'entrée de chaque maison (cf. Ex 12,7.22). Au cours du repas, sa chair était mangée en tenue de voyage (cf. Ex 12,8-11).

De ce fait, initialement, la pâque fut une pratique à caractère nomade et domestique ; elle faisait penser aux sacrifices que les israélites demandèrent au Pharaon d'aller célébrer au désert (cf. Ex 3,18 ; 5,1s). Par conséquent, la pâque a une origine pré-mosaïque comme demande de protection contre les puissances exterminatrices, symbolisées par le fléau destructeur (cf. Ex 12,13).

---

[42] Cf. X. LEON-DUFOUR, *Vocabulaire de théologie biblique,* 36.
[43] Cf. X. LEON-DUFOUR, *Vocabulaire de théologie biblique,* 886.

Par ailleurs, conformément au texte de l'exode 12,26ss ; 13,8ss, vers le XIIIème siècle avant Jésus-Christ, il y eut changement de vision. La motivation théologique de la Pâque fut la commémoration de la sortie d'Égypte : « Ce qui importe, c'est que la pâque coïncide avec la délivrance des Israélites : elle devient le mémorial de l'exode, événement majeur de leur histoire ; elle rappelle que Dieu a frappé l'Égypte et épargné ses fidèles »[44].

La sortie d'Égypte fut considérée par Israël comme un moment[45] à part de son histoire avec Dieu, c'est l'entrée historique de Dieu dans la vie d'Israël. Par conséquent, aux racines de la mémoire d'Israël se fonde cet événement qui a mis fin à l'histoire d'esclavage subie par Israël et a ouvert la porte pour une nouvelle, un nouveau commencement en devenant un événement de tous :

> En toute et toute génération, c'est une dette pour l'homme de se voir comme si lui-même était sorti de *Mitsraïm.* Car il est dit : Et tu raconteras à ton fils, en ce jour-là, disant : en vue de tout ceci, *Adonaï* agit pour moi, quand je sortis de *Mitsraïm.* Non point nos Pères seulement, il les sauva, le Saint, béni soit-il ; car il est dit : Et il nous fit sortir de là-bas, afin de nous mener dans le pays qu'à nos pères, il avait juré. C'est pourquoi la dette est sur nous de remercier, de louer, de célébrer,

---

[44] X. LEON-DUFOUR, *Vocabulaire de théologie biblique,* 886.

[45] «La ricorrenza ci impone infatti non solo la memoria, ma un vero e proprio transfert identitario: dobbiamo immedesimarci nel passato, immaginare di essere noi stessi liberati, questa notte. In prima persona. È difficile ritrovarsi laggiù, in quell'evento cruciale, in quei momenti così grande e tremendi: vedere e ascoltare il passaggio di Dio, che uccide i primogeniti dell'Egitto, uomini e animali, ma "passa" tra i figli d'Israele, risparmiandoli perché li ha riconosciuti dal marchio di sangue ch'essi hanno apposto sullo stipite, ma anche delle loro porte. In questo giorno Dio passa sull'Egitto. Dio passa oltre le case degli ebrei. Gli ebrei passano dalla schiavitù alla libertà. Dall'ignoranza alla consapevolezza di sé». E. LOEWENTHAL, *Haggadah, il racconto della Pasqua,* 7-8.

de hausser, d'exalter, de magnifier, de glorifier, et de bénir celui qui fit pour nos Pères et pour nous tous ces signes : qui nous tira de la servitude vers la liberté, de la détresse vers la joie, du deuil vers la fête, et des ténèbres vers la lumière grande et de l'oppression vers l'affranchissement. Et chantons devant sa face un nouveau : Allélouïa[46].

La pâque devient l'actualisation de la sortie d'Égypte sous la forme liturgique dans l'aujourd'hui. Il devient un événement à graver dans la mémoire de tous de génération en génération et confirme qu'Israël a un Dieu fort, sensible à sa misère. C'est une invitation à confesser avec assurance le *Chema Israël,* un long sermon prodigué par Moïse aux enfants d'Israël : « Écoute, Israël : Yahvé notre Dieu est le seul Yahvé » (Dt 6,4). Il constitue pour tout Israélite le fondement de sa foi en Dieu Un.

Les modalités théoriques et pratiques du *Chema Israël* se trouvent exprimer dans les versets suivants (Dt 26, 5-18) invitant le peuple de Dieu de le réaliser dans l'amour de Dieu, de le méditer en tout lieu et à toute heure, de le transmettre à ses fils et de s'en faire sur la main, entre les yeux et aux linteaux des portes et portails. La mise en garde que le Seigneur souligne est l'oubli : « garde-toi d'oublier Yahvé qui t'a fait sortir du pays d'Égypte, de la main de servitude » (Dt 6,12). La tâche revient à la famille de pouvoir transmettre aux enfants durant la célébration pascale les merveilles accomplies par Dieu en faveur de son peuple (cf. Dt 6,7.21-23).

Le récit de la célébration qui servait à la transmission sous forme de dialogue est l'*Haggadah*[47]. C'est le récit de la sortie d'Égypte qui communique l'expérience merveilleuse de la pâque au cours du repas. Il constitue la mémoire par excellence dans l'Ancien Testament et est conservé

---

[46] H. COUSIN, «Les récits fondateurs de l'Eucharistie», 17-18.
[47] Cf. E. LOEWENTHAL, *Haggadah, il racconto della Pasqua,* 9.

dans la *Mishnah,* le premier code normatif de l'hébraïsme. Il est constitué à la manière du Dt 26, 5-10, en forme de dialogue, où les enfants[48] interrogent les parents sur la particularité de la soirée. Les parents, quant à eux, répondent en racontant le récit de l'exode[49]. En voici un exemple de réponse d'un père de famille :

> Mon père était un Araméen errant qui descendit en Égypte, et c'est en petit nombre qu'il y séjourna, avant d'y devenir une nation grande, puissante et nombreuse. Les Égyptiens nous maltraitèrent, nous brimèrent et nous imposèrent une dure servitude. Nous avons fait appel à Yahvé le Dieu de nos pères. Yahvé entendit notre voix, il vit notre misère, notre peine et notre oppression, et Yahvé nous fit sortir d'Égypte à main forte et à bras étendu, par une grande terreur, des signes et des prodiges. Il nous a conduits ici et nous a donné cette terre, terre qui ruisselle de lait et de miel (Dt 26,3-10).

De cette mémoire se dégage la dimension pratique, éthique, mentionnée dans le quinzième chapitre du livre du Deutéronome :

> Si ton frère hébreu, homme ou femme, se vende à toi, il te servira six ans. La septième année tu le renverras libre et, le renvoyant libre, tu ne le renverras pas les mains vides. Tu chargeras sur ses épaules, à titre de cadeau, quelque produit de ton petit bétail, de ton aire et de ton pressoir ; selon ce dont t'aura béni Yahvé ton Dieu, tu lui donneras. Tu te souviendras que tu as été en servitude au pays d'Égypte et que Yahvé ton

[48] Cf. E. LOEWENTHAL, *Haggadah, il racconto della Pasqua,* 10.

[49] «Il rito si compie attraverso la condivisione dell'esperienza e della memoria. La *Haggadah,* cioè il "racconto" dell'"uscita dall" Egitto cosi come si configura in questo antico testo, è lo strumento per condividere tale esperienza». E. LOEWENTHAL, *Haggadah, il racconto della Pasqua,* 10.

> Dieu t'a racheté : voilà pourquoi je te donne aujourd'hui cet ordre (Dt 15,12-15).

A travers ce texte, il est question de la loi donnée, de l'ordre donné, avec une corrélation explicite entre la tradition narrative de l'esclavage en Égypte, et la formulation de la loi favorable aux esclaves.

Ainsi, la mémoire de l'esclavage en Égypte vient critiquer et remettre en cause la stratification sociale qui se vivait dans le royaume de Juda. Le propriétaire, le possesseur d'esclaves, est invité à se reconnaître de la même condition que celui qui est devenu son esclave. Faisant cette rétrospection, ce dernier est son frère. Cela voudrait signifier que la mémoire invite à prendre soin de ceux qui sont aujourd'hui démunis surtout les veuves et les orphelins, comme Israël l'était en Égypte (cf. Dt 24,18-22). A ce sujet, Artus affirme :

> La mémoire de la condition de pauvreté qui était celle du peuple en Égypte motive aujourd'hui le souci du pauvre, et est invitation à des mesures de transformation sociale. Ainsi, la loi éthique et la loi cultuelle entretiennent un rapport fécond avec la mémoire historique du peuple, rapport qui permet à Israël d'assumer le présent en ayant comme critère de discernement des leçons du passé[50].

Par la suite, Jésus-Christ portera à la plénitude l'événement pascal célébré par Israël. C'est de cela qu'il sera question dans le point suivant.

1.3. La mémoire dans le Nouveau Testament

Dans l'ensemble, le Nouveau Testament traite de Jésus de Nazareth. Il en est non seulement l'objet, mais aussi le

---

[50] Cf. O. ARTUS, « De l'acte de mémoire à la ritualité dans l'expérience vétérotestamentaire », 29.

sujet puisqu'il est celui qui proclame l'Évangile (cf. Mc 1,14-15) et est lui-même cet Évangile. C'est à ce double titre que Jésus-Christ constitue la mémoire pour le Nouveau Testament. L'évangéliste Marc le souligne clairement au début de son écrit : « Commencement de l'Évangile de Jésus, Christ, fils de Dieu » (Mc 1,1). Luc dit mêmement que « J'ai décidé, moi aussi, après m'être informé exactement de tout depuis les origines d'en écrire pour toi l'exposé suivi, excellent Théophile, pour que tu te rendes bien compte de la sûreté des enseignements que tu as reçus » (Lc 1,3-4). Matthieu commence son Évangile écrivant : « Livre de la genèse de Jésus Christ, fils de David, fils d'Abraham » (Mt 1,1).

Jésus-Christ est le Verbe dont parle l'Évangile de Jean (Jn 1,1), la Parole elle-même de Dieu. A l'égard de son Père, il est la mémoire avec laquelle Dieu fait mémoire de l'homme et l'homme de Dieu. Il est celui que Dieu n'oubliera jamais. L'incarnation est la preuve définitive du fait que Dieu n'a pas oublié son Alliance et veut toujours conserver sa mémoire de l'homme en lui offrant la vie même de Jésus-Christ à partir de laquelle il pourra faire mémoire de son Créateur[51]. C'est dans la vie de Jésus-Christ que Dieu le Père fait mémoire de l'homme et l'homme de son Dieu. Dieu fait éternellement mémoire de son fils par le fait

---

[51] «La memoria, con la quale Dio ci ricorda e l'uomo ricorda Dio, si svelerà finalmente nella vita di Cristo. L'Origine, che è il Padre, assocerà a sé la storia in modo definitivo. Potrà farlo perché egli è, in sé stesso, memoria: ciò che Dio non dimentica mai né può dimenticare è il proprio unico Figlio che, a sua volta, sempre lo ricorda, poiché ritorna continuamente all'Origine. L'incarnazione è la prova definitiva del fatto che Dio non ha dimenticato la sua Alleanza e che vuole non soltanto conservare il suo ricordo dell'uomo, ma anche offrire all'uomo un luogo (la vita di Gesù) a partire dal quale possa ricordare per sempre il suo Creatore ed essere ricordato da lui». J.G. GARCIA, *Teologia del tempo,* 149:

que lui-même dans les trames de sa vie se souvenait de son Père.

La mémoire de Jésus de son Père constitue le point fort de la réalisation de sa mission (cf. Mc 1,38 ; Lc 4,43 ; 5,32). Elle le met en connexion avec son Origine, le fait tourner toujours à lui, source de l'être du Fils. Toute sa conscience de Fils nait de ce regard premier du Père sur son histoire. Le désir de reconduire les choses à l'Origine provient de cette même Origine, Principe sans principe, duquel provient le Fils[52], la source de sa mémoire. C'est dans ce sens que se dessine l'objectif central du Nouveau Testament d'amener les chrétiens à mieux comprendre leur origine, leur présent et leur avenir à la lumière de la mémoire de Jésus-Christ.

Également, dans le Nouveau Testament, en particulier dans l'Évangile de Jean, l'Esprit-Saint, le Paraclet, est une mémoire qui rappellera tout ce qu'a fait et dit Jésus (cf. Jn 14,26). Il joue les fonctions d'enseigner (cf. Jn 14,26), de guider à la vérité (cf. Jn 16,13), d'être prophète (cf. Jn 16,13) et de juger (cf. Jn 16,8-11). Le Paraclet est alors la figure qui représente la mémoire éternelle de l'instant décisif que fut Jésus. Weder s'en exprime en ces termes :

> Le Paraclet devient l'incarnation du souvenir évangélique. La crainte que tout et n'importe quoi ait libre cours dans la capacité humaine de souvenir, il la prend en charge en faisant référence au fait que le Christ suscite toujours à nouveau le souvenir de lui-même. Le Paraclet est cette figure qui représente

---

[52] « Gesù, quando guarda al suo passato, che è passato percorso sulla terra e prolungato fino al principio attraverso le generazioni di Israele e del mondo, contempla questa Origine come fonte immediata di ciò che egli conosce e opera nel mondo. In questo modo, il suo ricordo del Padre costituisce il punto d'ancoraggio necessario per comprendere la sua vita e la sua opera. La sua memoria apre uno spazio per tutta la memoria; egli sana la memoria, la redime, amplia la sua capacità fino a permettere che Dio entri in essa: *memoria capax Dei* ». J.G. GARCIA, *Teologia del tempo,* 157:

pour ainsi dire le souvenir éternel de l'instant décisif que fut Jésus[53].

Par la suite, les chrétiens qui se réclameront de Jésus-Christ vont constituer un corpus nouveau nommé « Nouveau Testament » et dont la caractéristique commune à tous les livres sera d'avoir Jésus pour objet et sujet. C'est un corps d'Écritures, composé de l'Ancien et du Nouveau Testament qui constitue la Bible chrétienne.

A cet égard, l'expression « selon les Écritures », éparpillée dans tout le Nouveau Testament et surtout dans les Actes des Apôtres et les épitres de Saint Paul révèle la dimension de la mémoire néotestamentaire qui fait appel à l'Ancien Testament. Par elle, Paul démontre aux juifs de Thessalonique que le Christ devait souffrir et ressusciter des morts et que ce Jésus était lui-même le Christ (cf. Ac 17,2-4). De même les juifs de Bérée évaluent la prédication de Paul à la lumière des « Écritures pour voir si tout était exact » (Ac 17,11). De manière plus impressionnante aussi, dans ses épitres, Paul fait appel à cette expression (cf. Rm 1,2 ; 15,4 ; 16,25 ; 1 Co 15,3 ; etc.). Dans l'ensemble, l'expression néotestamentaire « selon les Écritures », dans le contexte naissant du christianisme, jouait le rôle de mémoire en faisant appel aux Écrits de l'Ancien Testament.

Pour les juifs à qui s'adressait la prédication des apôtres, les Écritures vétérotestamentaires constituaient la source et la norme de vérité. Toute discussion théologique avec les juifs était évaluée à base des Écritures (cf. Ac 18,28 ; 1,16) comme paroles prophétiques rendant témoignage au Christ lui-même (Ac 8,32-35 ; Jn 5,39). La profondeur des Écritures est saisie grâce à l'explication de Jésus lui-même (cf. Lc 24,27.32.45 ; Jn 2,22 ; 20,9). Comme Parole de Dieu, les Écritures de l'Ancien Testament ne peuvent être récusées

---

[53] H. WEDER, « Le souvenir évangélique. Réflexions néotestamentaires sur la présence du passé », 43.

(cf. Jn 10,35). Elles constituent donc la mémoire du christianisme comme données une fois pour toutes pour être permanentes dans l'histoire. Les Écritures de l'Ancien Testament sont donc une entité irréfutable à qui on ne peut pas fuir, elles contiennent la promesse divine accomplie en Jésus-Christ.

De ce fait, la mémoire structure tant l'Ancien que le Nouveau parce ce qu'elle est la mémoire de la fidélité de Dieu, dans laquelle s'enracine le champ de l'espérance[54]. Abondant dans le même sens, l'exégète Bonnard soutient que « l'*anamnèsis* est la structure fondamentale pour le Nouveau Testament »[55]. A la question de savoir comment au niveau du Nouveau Testament le retour signifiant à l'histoire du salut s'opère ; Bonnard affirme :

> La réponse est l'*anamnèse,* mouvement par lequel la chrétienté primitive construit sa foi dans un rapport à un passé historique marqué par l'événement christique. L'anamnèse est donc le principe d'intelligibilité de la foi chez les premiers chrétiens ; en tant qu'activité mémorielle, elle fait le pont entre l'histoire passée de Jésus de Nazareth et le présent des croyants, et permet de vivre dans l'actualité un salut inscrit dans une histoire révolue. 'Ce passé inaccessible, c'est l'anamnèse biblique qui nous le restitue' en faisant mémoire du destin de Jésus de Nazareth, de sa vie, de sa Passion et de sa résurrection[56].

Un autre élément très significatif pour la mémoire néotestamentaire se trouve dans les paroles de Jésus à la dernière cène avec ses disciples : « Faites cela en mémoire de moi » (1 Co 11,24.25 ; Lc 22,19). Un lien étroit se trace

---

[54] Cf. J.-F. BAUDOZ, *La place de l'anamnèse dans le Nouveau Testament,* 29.
[55] Cf. P. BONNARD, « L'anamnèse, structure fondamentale de la théologie du Nouveau Testament », 1.
[56] P. BONNARD, *La mémoire et le temps,* 112.

entre la Pâque juive et l'institution de l'Eucharistie dans le Nouveau Testament. C'est dans un contexte d'un repas pascal que Jésus institue l'Eucharistie par ses gestes et ses paroles toutes nouvelles (cf. Mt 26,26-29 ; Mc 14,22-25 ; Lc 22, 14-20 ; 1Co 11,17-34). De ces textes ressort cette considération. Les gestes de Jésus de 'prendre' le pain, de le 'rompre', et de 'prendre' la coupe, de la 'bénir' et de la 'partager', accompagnés par ses paroles, revêtent une grande nouveauté dans ce repas : « ceci est mon corps ; ceci est mon sang ». Le « ceci », évoque ce que Jésus tient dans sa main, le pain et le vin qui, par ses paroles toutes nouvelles, dites performatives, deviennent son Corps et son Sang. Par ces actes, Jésus-Christ « a résumé oralement et rituellement tout le mouvement de sa vie. Il a rappelé sa venue dans la chair au sein de Marie, il a anticipé sa mort et a annoncé sa résurrection, la glorification de son Corps »[57].

Par les paroles de Jésus invitant à faire mémoire de ce qu'il venait d'accomplir, deux traditions retiennent l'attention. Elles sont absentes dans la tradition palestinienne de Matthieu et de Marc. Issue de la tradition antiochienne, Paul insère ces paroles après celles sur le pain (cf. 1 Co 11,24) et après la parole sur la coupe (cf. 1 Co 11,25), tandis que Luc ne les mentionne qu'une seule fois en conclusion du récit (cf. Lc 22,19). C'est ainsi que ces paroles font appel à l'ordre que Jésus confie aux apôtres d'accomplir les actions que lui-même est l'initiateur, non dans le sens de la répétition du repas juif, mais dans le sens de réfère la nouveauté qu'il venait d'accomplir. Ce n'est pas seulement le souvenir que la communauté rassemblée réactive elle-même de cet événement fondateur, mais c'est un acte d'obéissance à celui qui s'est engagé en exprimant clairement sa volonté[58].

---

[57] A. MANARANCHE, *Ceci est mon corps,* 81.
[58] Cf. B. SESBOÜE, *Croire,* 489.

Pour ce qui concerne les actions de faire mémoire de l'eucharistie, de la part de Jésus lui-même et de la part des apôtres, Léon-Dufour souligne :

> L'une concerne un passé qui, comme les autres actions des hommes, tend à s'immerger dans l'oubli. L'autre concerne un projet qui doit se modeler en fonction de ce passé. Sous un premier aspect, les deux actions ne peuvent pas être confondues sinon par une imagination qui évacue le réel. L'action des disciples n'est pas identique à celle de Jésus. Et cependant, sous un autre aspect et en vertu de la relation qu'établit Jésus entre elles, l'action des disciples n'a de sens qu'en fonction de l'action même de Jésus ; elle doit même s'identifier avec celle de Jésus[59].

Avec cette lumière, les paroles de l'institution sont à comprendre dans l'ensemble du mystère du Christ, son incarnation, sa mort et sa résurrection. C'est dans ce sens que Sesboüé affirme : « Étant donné les références au corps livré et au sang versé, cette mémoire concerne à l'évidence la passion de Jésus, mais aussi son aboutissement, la Résurrection »[60]. Par sa résurrection, il se laisse voir l'autorité divine dans les paroles de l'institution de l'Eucharistie ; car, sans elle, « l'Eucharistie ne serait que le souvenir d'un adieu sans retour »[61]. C'est à cette puissance qu'est due la transformation eucharistique. En se référant au texte paulinien (1 Co 11,23-25), Grelot y voit la tradition « reçue » et « transmise » qui constitue un « mémorial » en trois dimensions. Elle évoque les hauts faits de Dieu, les actualise dans l'aujourd'hui et invite à l'espérance. Il le dit ainsi :

> 'Chaque fois que vous mangez ce pain et buvez cette coupe, vous annoncez la mort du Seigneur, jusqu'à ce qu'il vienne'

---

[59] X. LEON-DUFOUR, « Faites ceci en mémoire de moi », 22.
[60] B. SESBOÜE, *Croire,* 489.
[61] J. RATZINGER, *Dieu nous est proche,* 64.

(1Co11, 26). Les trois dimensions de la libération eucharistique sont ainsi clairement notées : 1° la référence historique qui concerne non seulement le double geste du repas, mais aussi la mort de Jésus en croix ; 2° sa résurrection, événement trans-historique qui est visé derrière son titre de 'Seigneur' et qui assure sa présence perpétuelle comme hôte invitant les fidèles à son 'Repas' pour leur communiquer sa propre vie ; 3° l'espérance qu'il leur ouvre en leur promettant de participer personnellement à sa résurrection le jour de son 'retour' en gloire, de sa parousie[62].

Comme mémorial, l'Eucharistie n'est pas un simple souvenir d'un passé, mais elle rend présent et actualise l'œuvre salvifique accomplie en Jésus-Christ pour toute l'humanité dans l'aujourd'hui et donne force pour le futur.

Ce parcours sur la mémoire comme origine fondante du judéo-christianisme relève les moments fondamentaux de la rencontre de Dieu avec l'homme. Ces moments constituent la mémoire judéo-chrétienne, l'héritage du peuple de Dieu à transmettre de génération en génération. Cette mémoire est portée par la Tradition et l'Écriture tout au long des siècles.

2. La Tradition et l'Écriture, porteuses de la mémoire

La Parole de Dieu, le *'Dabar'* en hébreu, signifie inséparablement une révélation de vérité et une force dynamique parce qu'elle est essentiellement créatrice de ce qu'elle annonce. La Révélation biblique est inséparablement Parole et Événement. En se révélant, Dieu n'écrit pas un livre, mais une histoire. La Parole de Dieu, qui est comme 'l'âme de la théologie' (cf. DV 24), signifie deux choses[63] : d'un côté,

---

[62] P. GRELOT, *Corps et sang du Christ en gloire,* 85.

[63] Pour ne pas trahir la richesse du mystère de la Révélation, il faut bien comprendre qu'au terme de la Révélation, dans l'événement Jésus-

l'acte de Dieu parlant, qui est Dieu lui-même ; et d'autre côté, un effet de cet acte de Dieu parlant, la parole d'un prophète ou un événement de l'histoire qui est parole de Dieu[64].

De ce fait, Dieu parle une seule fois (cf. Ps 62,12 ; Jb 40,5) et sa Parole, une fois prononcée, se fait Tradition et Écriture pour être écoutée et vécue par des hommes de tous les temps et tous les lieux. La Tradition remplit la mission de transmettre vitalement la Parole de Dieu de génération en génération et l'Écriture constitue sa consignation par écrit. Toutes deux, sans épuiser sa richesse, portent la mémoire de Dieu dans le monde sous le guide de l'Esprit Saint, et constituent toutes deux l'unique dépôt de la Parole de Dieu (cf. DV 10-11).

Dans la suite, trois points seront développés permettant de saisir cette faculté qu'a la Tradition et l'Écriture en ce qui concerne la mémoire.

Christ, il est impossible de faire une distinction entre l'acte de révélation de Dieu et le contenu de cette révélation. Ce contenu comprend inséparablement les deux choses : la vie intra-divine et la figure de Jésus-Christ. La Parole de Dieu, en effet, c'est aussi bien Dieu se révélant d'une manière trinitaire dans l'économie temporelle du salut, que l'homme Jésus-Christ qui est l'incarnation de cette Parole. Cf. C. GEFFRE, « Esquisse d'une théologie de la Révélation », 182 ; H.U. VON BALTHASAR, *La gloire et la croix,* 153.

[64] Pour ce qui concerne l'expression « Parole de Dieu », le cardinale Martini en suggère diverses significations. Cette expression suggère l'idée de la communicabilité de Dieu. Elle renvoie aux événements de l'histoire du salut, parce qu'en hébreu, le mot *dabar* signifie parole, événement, réalité ; au message communiqué par les envoyés de Dieu : au prophète et Jésus ; à la personne de Jésus qui est le Verbe de Dieu (cf. Jn 1,1) ; à la prédication chrétienne ; au message de Dieu adressé aux hommes en général, à la Bible. Cf. C.M. MARTINI, *La Parola di Dio alle origini della Chiesa,* 56-58 ; H. HAAG, « De la Parole de Dieu au livre de l'Ecriture sainte », 127 ; C. GEFFRE, « Esquisse d'une théologie de la Révélation », 182.

2.1. La Tradition comme présence et actualisation de la mémoire

Étymologiquement, le mot 'Tradition' désigne des choses très diverses. Du latin, tradition vient de *traditio,* un substantif correspondant au verbe *tradere* qui exprime d'un côté, l'idée de transmettre à quelqu'un un héritage, de confier quelque chose à quelqu'un, de donner sa fille en mariage, et de l'autre côté, c'est transmettre au sens d'enseigner. Ainsi, *Tradere* signifiait remettre, livrer quelqu'un, faire passer un objet de la possession de celui qui remet à la possession de celui à qui l'on remet. Deux lignes sémantiques en découlent : l'une met l'accent sur l'ensemble des contenus que l'on reçoit ; l'autre sur l'acte même de transmettre, le don et la réception.

Le même sens se trouve en grec, *paradidonai,* aoriste *paradounai* et signifie livraison, transmission. Cette considération montre clairement que le mot 'tradition' se réfère au phénomène humain pour deux raisons : l'homme, étant un être social, *ens sociale,* un être historique, *ens historicum,* n'a pas seulement une mentalité qui le distingue des animaux, mais il vit dans la société, sa vie est liée à celle des autres hommes, il a la capacité de *memoria,* de se rappeler et de se référer au passé.

Abondant dans le même sens, dans le judéo-christianisme, en référence à la Tradition, deux verbes sont d'usage et dans l'Ancien et le Nouveau Testament : 'recevoir et transmettre' ; il y a un reçu et un livré. Pour faire allusion à la Tradition, en deux endroits, Saint Paul utilise des mots typiquement rabbiniques : « Pour moi, en effet, j'ai reçu du Seigneur ce qu'à mon tour je vous ai transmis : le Seigneur Jésus, la nuit qu'il était livré, prit du pain » (1Co 11,23) ; aussi pour ce qui concerne la résurrection, Saint Paul écrit : « Je vous ai donc transmis en premier lieu ce que j'avais moi-même reçu, à savoir que le Christ est mort pour nos péchés selon les Écritures, qu'il a été mis au tombeau, qu'il est ressuscité le troisième jour selon les Écritures » (1Co 15, 3-4).

La transmission est faite par un sujet qui a reçu. Celui qui reçoit n'est pas au même titre que celui qui donne, il l'accepte volontairement et en exécute sa transmission. La Tradition est donc la première instance qui a accepté la Révélation dans la foi, elle est un don reçu et transmis et quiconque la reçoit possède *ipso facto* le pouvoir de se relier à la source même.

Le 'reçu' ici fait appel à la Révélation de Dieu, à l'entrée de Dieu lui-même dans l'histoire humaine. Cette Révélation se fait à travers la parole et les événements, voilà pour quoi, Dieu en se révélant, n'écrit pas un livre, mais une histoire[65].

---

[65] La Révélation de Dieu possède quatre dimensions très liées qui font la spécificité du christianisme. Le caractère sacramentaire de la Révélation montre que, à travers les paroles et les gestes de Jésus de Nazareth, Dieu a rencontré l'homme selon le mode expressif et le plus compréhensible humainement. La constitution *Dei Verbum* le note : « Cette économie de la révélation se fait par des actions et des paroles étroitement liées entre elles » (DV 2). Ensuite, le caractère historique de la Révélation signifiant que la Révélation n'a pas seulement une structure interne, elle a aussi une structure externe. Elle s'est développée au cours de l'histoire en se basant sur des événements historiques, sur la Révélation qui s'est produite dans et par l'histoire. Le Dieu de Jésus-Christ n'est pas simplement le Dieu de la création, du cosmos, mais il est celui d'interventions, d'irruptions inattendues dans l'histoire humaine. Il vient, agit et sauve. Du point de vue historique, la Révélation a un début, un développement et un accomplissement. Son début c'est l'histoire du peuple d'Israël avec Dieu. Israël croit en son Dieu parce qu'il l'a 'vu' dans les interventions historiques (cf. Dt 6,20-24 ; 26,5-9 ; Jos 24,2b-13). Le caractère économique de la Révélation est exposé aux numéros 3 et 4 de la constitution *Dei Verbum.* Dans le langage théologique, l'économie fait référence à l'ordre des actes par lesquels Dieu a pourvu au salut des hommes. La dimension économique de la Révélation présente Dieu comme un pédagogue qui se révèle progressivement à l'homme depuis Abraham, en passant par les prophètes jusqu'à son accomplissement en Jésus de Nazareth. Enfin le caractère eschatologique de la Révélation est exprimé de cette manière dans *Dei Verbum :* «

Il ne s'agit nullement pas de la communication des vérités nouvelles, des vérités doctrinales inaccessibles à la raison laissée à elle-même, mais plutôt de l'auto-communication de Dieu lui-même en Jésus-Christ ; c'est un acte personnel de Dieu qui se donne à l'homme, comme une manifestation, une épiphanie. C'est cela l'originalité de la révélation chrétienne par rapport aux révélations dans les autres religions qui ne sont que de communication de vérités, de secrets, qui n'ont jamais coïncidé ou qui ne coïncident pas avec le don d'une personne.

En d'autres termes, l'originalité de la Révélation chrétienne tient à son caractère profondément humain, à son caractère 'banal et anecdotique' par rapport au merveilleux des révélations dans les autres religions. L'histoire du salut apparaît comme une histoire si semblable à l'histoire universelle qu'on peut n'y voir qu'un récit historique sans discerner l'histoire révélant du dessein de Dieu. C'est la foi comme intentionnalité qui permet de reconnaître dans des événements un moment absolu de l'histoire et donc un moment de la révélation même de Dieu. Et, la mise par écrit du

L'économie chrétienne, du fait qu'elle est l'alliance nouvelle et définitive, ne passera donc jamais ; il n'y a plus à attendre de nouvelle révélation officielle avant l'apparition dans la gloire, de Notre Seigneur Jésus-Christ » (DV 4). Le Jour de l'apparition dans la gloire c'est le Jour de la manifestation plénière de Dieu où tout sera, *ipso facto,* révélé ; c'est le Jour où tout sera passé au feu, purifiant et discriminant ; c'est le Jour où l'énigme sera levée et tout secret manifesté. C'est finalement le Jour où sera rendu la justice à chacun selon le regard de Dieu. Ce Jour-là, il y aura la présence totale du Dieu Vivant et le rassemblement de tous les hommes dans la plénitude du Christ (cf. 1P 4,13 ; 5,1 ; Lc 17,30 ; 1Co 3,13 ; 2Th 1,7). Les hommes verront Dieu tel qu'il est (cf. 1Jn 3,2 ; Rm 8,18) et se connaitront tels qu'ils sont connus (1Co 13,12), ainsi « toutes les créatures attendent la révélation des fils de Dieu » (Rm 8,19). Cf. BENOIT XVI, *Spe salvi,* 30-48 ; J. RATZINGER, *La mort et l'au-delà,* 171-246 ; J. RATZINGER, *Les principes de la théologie catholique,* 191-212 ; J. RATZINGER, *La foi chrétienne hier et aujourd'hui,* 227-234 ; C. GEFFRE, « Esquisse d'une théologie de la Révélation », 182 ; J-L.R.S. DE ALVA-J. MOLINERO, *L'au-delà,* 10.

témoignage rendu à ces événements par le Peuple de Dieu est une parole tellement humaine que seule la foi peut y discerner la Parole de Dieu[66].

Sur l'originalité de la Révélation chrétienne, la constitution *Dei Verbum* affirme :

> Il a plu à Dieu, dans sa bonté et sa sagesse, de se révéler lui-même et de faire connaître le mystère de sa volonté : par le Christ, Verbe fait chair, les hommes ont, dans le Saint-Esprit, accès auprès du Père, et deviennent participants de la nature divine. Ainsi par cette révélation, provenant de l'immensité de sa charité, Dieu, qui est invisible s'adresse aux hommes comme à des amis, et converse avec eux pour les inviter à entrer en communion avec lui et les recevoir en cette communion (DV 2).

C'est en Jésus-Christ que la Révélation arrive à sa plénitude. Jésus-Christ est donc celui qui donne à la Révélation son dernier achèvement et qui fait tout comprendre au sujet de Dieu et de l'homme, car d'un côté, « par toute sa présence, par tout ce qu'il montre de lui-même, par ses paroles, par ses œuvres, par ses signes, par ses miracles, mais surtout par sa mort et sa résurrection d'entre les morts, enfin par l'envoi qu'il fait de l'Esprit de vérité, donne à la révélation son dernier achèvement et la confirme par le témoignage divin : Jésus-Christ, c'est Dieu avec nous » (DV 4) et d'autre côté, par « l'économie chrétienne, du fait qu'elle est l'alliance nouvelle et définitive, ne passera donc jamais ; il n'y a plus à attendre de nouvelle révélation avant l'apparition dans la gloire, de Notre Seigneur Jésus-Chris t» (DV 4)[67].

---

[66] Cf. C. GEFFRE, « Esquisse d'une théologie de la Révélation », 180.

[67] Au sujet de l'accomplissement définitive de la Révélation en Jésus-Christ, Geffré note que la Révélation dans sa phase publique est close avec Jésus-Christ. Cependant, dans sa phase constitutive et scripturaire, elle continue jusqu'à la mort du dernier Apôtre. Quant à sa phase interprétative, elle se réalise avec l'Eglise jusqu'au retour du Christ.

De sa part, Benoît XVI souligne que, sans la réalité Jésus, faite chair et de sang, le christianisme en lui-même ne devient qu'une simple doctrine, un simple moralisme et une affaire de l'intellect. Par ailleurs, ce Jésus dans le christianisme n'est pas un mythe, mais un homme de chair et de sang, une présence toute réelle dans l'histoire ; il est venu 'ôter le voile' qui le cachait, il est venu révéler le vrai visage de Dieu, pour la raison que lui et lui seul contemple. A la question de savoir ce que Jésus a réellement apporté dans ce monde, s'il n'a pas apporté la paix, le bien-être pour tous, un monde meilleur, Benoît XVI répond :

> La réponse est très simple : Dieu. Il a apporté Dieu. Il a apporté le Dieu dont la face s'est lentement et progressivement dévoilée depuis Abraham jusqu'à la littérature sapientielle, en passant par Moïse et les prophètes – le Dieu qui n'avait montré son vrai visage qu'en Israël et qui avait été honoré dans ce monde des gentils sous les avatars obscurs – c'est ce Dieu-là, le Dieu d'Abraham, d'Isaac et de Jacob, le Dieu véritable, qu'il a apporté aux peuples de la terre. Il a apporté Dieu : dès lors, nous connaissons sa face, dès lors nous pouvons l'invoquer. Dès lors, nous connaissons le chemin que, comme hommes, nous devons emprunter dans ce monde. Jésus a apporté Dieu et avec lui la vérité sur notre origine et notre destinée ; la foi, l'espérance et l'amour[68].

D'autres théologiens pensent qu'il serait mieux d'éviter les termes 'close', 'conclusion', 'fin', en ce qui regarde la Révélation parce qu'ils ne sont pas à leur place dans le christianisme. Atteindre à la plénitude n'est pas une conclusion, mais un commencement. Or, commencement poursuit indéfiniment la réalisation de la plénitude du Christ dans la plénitude de l'Eglise, la croissance de l'Eglise et du monde dans la plénitude du Christ et de Dieu. Cf. C. GEFFRE, « Esquisse d'une théologie de la Révélation », 202 ; J. FEINER, « Révélation et Église », 49.

[68] J. RATZINGER-BENOIT XVI, *Jésus de Nazareth.* 1. *Du baptême dans le Jourdain à la Transfiguration,* 63-64.

Jésus-Christ est ainsi le Dieu révélant, mais aussi le Dieu révélé. Il est le Dieu révélant, car le Verbe de Dieu, le Fils, Jésus-Christ, c'est tout un. Saint Paul le proclame l'image du Dieu invisible (cf. Col 1,15 ; 2 Co 4,4) ; l'Épitre aux Hébreux, parle du « resplendissement de sa gloire, effigie de sa substance » (He 1,3). De ce fait, il est ontologiquement qualifié pour révéler le Père dont il est en quelque sorte la Révélation éternelle. Il est le Dieu révélé car le Dieu véritable qu'il enseigne, c'est le Dieu annoncé par lui et reconnu en Lui, de sorte qu'en confessant le Fils, on confesse aussi le Père. C'est lui qui révèle le mystère en personne. De Lubac le proclame clairement qu'il est « à la fois le messager et le contenu du message, le révélateur et le révélé : le révélateur auquel il faut croire »[69].

Par conséquent, dans le Christianisme, c'est la Révélation de Dieu en Jésus-Christ comme auto-donation de Dieu lui-même qui est confiée à la tradition et devient Tradition. Cette dernière est la réponse apostolique de l'Église à la Révélation de Dieu. Elle s'adresse, non seulement aux hommes de ce temps-là où elle a eu lieu, une fois pour toutes, mais à tous les hommes de tous les temps et de tous les lieux.

La Révélation accueillie par l'homme devient dans le temps la Tradition, c'est-à-dire la Révélation transmise. C'est la manière dont le Peuple de Dieu a écouté, répété et réinterprété les événements historiques de l'intervention de Dieu en faveur des hommes ; c'est également la manière dont la première communauté chrétienne a écouté et réinterprété l'événement Jésus-Christ. Cette conscience des premiers témoins de la Parole fait partie de ce que Dieu lui-même a à dire à l'homme de tous les temps et de tous les lieux. Elle est ainsi normative pour la conscience chrétienne

---

[69] H. DE LUBAC, *La révélation divine,* 44. Voir aussi R. LATOURELLE, *La théologie de la Révélation,* 394-395.

de tous les temps[70]. Elle n'a rien affaire avec le triomphe de l'institution humaine sur la Parole de Dieu comme le pense Luther[71]. Car, c'est à travers la Tradition que les hommes

---

[70] Cf. C. GEFFRE, « Esquisse d'une théologie de la Révélation », 185.

[71] En enseignant son cours sur l'épitre aux Romains à l'Université de Wittenberg entre les années 1515-1516, Luther (1483-1546) s'oppose farouchement à la question des traditions parce qu'il y voit des bagatelles qui trompent les hommes sur le véritable abîme de leur existence et les rassurent avec des apparences. En citant comme exemple : les usages relatifs au jeûne, les diverses consécrations et bénédictions, la prière en se tournant vers l'orient, etc. Pour Luther, c'est le retour de la loi, le triomphe de l'institution humaine sur la Parole de Dieu. Elles ne sont que des institutions humaines qui invitent l'homme à prendre en main son salut, au lieu de l'attendre de la bienveillance du Seigneur à qui l'on ne peut l'extorquer. Il oppose à la tradition comprise comme institution le message de la grâce obtenue uniquement par la foi en Jésus-Christ et non par les œuvres, les mérites, ni par les œuvres méritoires prescrites par les hommes. En exploitant et en méditant la lettre aux Romains, surtout Rm 3,28, Luther lutte pour l'essentiel du christianisme basé sur cinq *solae*, cinq formules en latin qui forment les cinq piliers du protestantisme. Il s'agit de cinq principes sur lesquels reposent le salut de l'homme. Ils commencent par l'adjectif *solus* (seul), au masculin ou au féminin *sola.* : *Sola scriptura* ou *solo verbo, sola fide, sola grazia, solus christus* ou *solo Christo* et *soli Deo gloria*.
Depuis le concile de Trente jusqu'au Vatican II, l'Église Catholique mettra en lumière la question de la Tradition, des traditions, de la Révélation, de la Parole de Dieu, etc. Le concile de Trente (1545-1563) condamna le Protestantisme, reforma la discipline et l'administration de la tête aux membres, inventa le processus de formation des futurs prêtres en créant des séminaires. Ce concile clarifia la doctrine de l'Église sur les sacrements, le sacerdoce, l'Église comme interprète de l'Écriture, la relation entre la foi et les œuvres, etc. C'est ainsi qu'il mit la distinction entre Tradition, au singulier, et traditions au pluriel, voir DZ 1500-1861. Vatican I (1869-1870) continuera sur le même pas. Vatican II (1962-1965) qui, dans sa constitution *Dei Verbum,* affirme suivre les pas du Concile de Trente et du premier Concile du Vatican (cf. DV 1) ; « suivre le pas » ne veut pas dire répéter machinalement ce que les conciles avaient décidé mais c'est se réapproprier leurs définitions dans l'aujourd'hui. Ainsi, Dans *Dei Verbum,* il a fait une herméneutique de la Révélation en invitant une nouvelle réponse de la foi dans

de tous les temps et de tous les lieux entrent en contact avec la plénitude de la Révélation de Dieu en Jésus-Christ, c'est-à-dire, avec ce que Jésus a dit, fait et révélé une fois pour toutes et qui demeure permanent dans l'histoire.

Pour le Nouveau Testament et pour le christianisme, la Tradition à transmettre a été confiée aux apôtres. Ceux-ci en sont des témoins oculaires. Leur Tradition est dite 'Tradition divino-apostolique'. La constitution sur l'Église du concile Vatican II s'en exprime de manière assez claire en ces termes :

> Le Seigneur Jésus, après avoir prié le Père, appela à lui ceux qu'il voulut et en nomma douze qu'il prendrait avec lui et qu'il enverrait prêcher le Royaume de Dieu (cf. Mc 3,13-19 ; Mt 10,1-42) ; et ces Apôtres (cf. Lc 6,13) il les constitua en

---

le monde en perpétuel mutation. Son objectif est de « présenter la doctrine authentique sur la Révélation divine et sur sa transmission, pour qu'en entendant l'annonce du salut, le monde entier croie, en croyant espère, en espérant aime » (DV 1). De la sorte, il se note la continuité au niveau de référence des textes (cf. DV 5 et autres passages de la constitution font appel aux textes de Tente et Vatican I). Dans cette optique, le concile Vatican II souligne le caractère historique, sacramentaire, économique, eschatologique de la Révélation ; et l'Écriture et la Traditions ne sont pas deux 'canaux' distincts de la Révélation comme ce fut le cas au concile de Trente (cf. DZ 1501) pour qui, l'Évangile est transmis par l'Écriture et les traditions orales comme argument de refus à la thèse protestante de *sola scriptura.* Dans *Dei Verbum,* en congédiant la théorie de deux sources, Vatican II insiste sur l'unité entre l'Écriture et la Tradition du fait que toutes deux constituent la Parole de Dieu. L'Écriture est la Parole de Dieu en tant que, sous l'inspiration de l'Esprit de Dieu, est consignée par écrit ; et la Tradition transmet la Parole de Dieu, confiée par le Christ et l'Esprit Saint aux apôtres, à leurs successeurs pour que, illuminés par l'Esprit de vérité, en la prêchant, ils la gardent, l'exposent et la répandent avec fidélité. L'Écriture elle-même est considérée comme âme de la sainte théologie (cf. DV 8-9. 24 ; K. RAHNER-J. RATZINGER, *Révélation et tradition,* 41-43 ; C. WACKENHEIM, « Écriture et Tradition depuis le Concile de Trente », 237-252 ; M. C. APARICIO VALLS, *Ispirazione,* 112-136 ; A. SABETTA, *Rivelazione,* 13-65.

collège ou corps stable, à la tête duquel il mit Pierre, choisi parmi eux (cf. Jn 21,15-17). Il les envoya d'abord aux fils d'Israël et puis à toutes les nations (cf. Rom 1,16) afin que, revêtus de son autorité, ils fassent de tous les peuples ses disciples, les sanctifient et les gouvernent (cf. Mt 28,20) (LG 19).

Les apôtres constituent le fondement de l'Église de tous les temps et de tous les lieux. Ils ont à exprimer la Révélation de telle sorte qu'elle prenne forme et devienne la norme de l'Église de tous les temps et de tous les lieux. Ils annoncent ce qu'ils ont reçu. De même, l'Église postapostolique annonce ce qu'elle a reçu des apôtres. Car, la présence de ces derniers a une valeur normative[72] pour l'Église. De cette manière, le concile Vatican II s'est attaché à la Tradition au singulier pour montrer qu'elle est un processus dynamique de transmission de la Parole de Dieu sous l'assistance de l'Esprit Saint (cf. DV 8). En transmettant, en continuité la foi reçue des apôtres, « l'Église, dans sa doctrine, sa vie et son culte, perpétue et transmet à toutes les générations tout ce qu'elle est elle-même, tout ce qu'elle croit » (DV 8).

De cette analyse ressort les deux pôles de la Tradition : le contenu et la transmission de ce contenu. Pour le chrétien, le contenu de la Tradition est Jésus-Christ lui-même, l'Évangile lui-même qui, au cours de temps, doit être transmis de génération en génération. L'objectif est que l'Évangile se communique à un grand nombre à travers l'espace et dans la suite des générations de telle sorte qu'une multitude d'hommes matériellement séparés par la distance et par les années, vivent d'une même et unique Réalité. Bien que la Tradition se conçoit d'abord et surtout comme une force de conservation sociale, elle se présente comme « principe de continuité et d'identité d'un esprit, à travers la succession des générations »[73].

---

[72] Cf. J. FEINER, «Révélation et Eglise», 58.
[73] Y. CONGAR, *La Tradition et la vie de l'Eglise,* 10.

A son tour, dans la première lettre de saint Jean, l'auteur fait appel à la communion avec ceux qui transmettent et qui annoncent la bonne Nouvelle du salut : « Ce que nous avons vu et entendu, nous vous l'annonçons, afin que vous soyez en communion avec nous » (1Jn 1,1-3). Tout ce qui est transmis a été d'abord reçu, c'est Jésus-Christ lui-même et toute la réalité du christianisme ; ensuite, le reçu est transmis par les apôtres, c'est la Tradition divino-apostolique ; enfin il crée la communion entre les générations de tous les temps et de tous les lieux.

Tout en faisant référence à l'origine, à l'événement fondateur, au reçu, la Tradition est un principe d'actualisation de la Parole de Dieu qui a eu lieu une fois pour toutes et qui demeure permanent dans l'histoire, c'est-à-dire elle est porteuse de la mémoire chrétienne de génération en génération. Dans sa différence avec l'Écriture, la Tradition de l'Église postapostolique est la manière dont la Révélation est comprise par la conscience vivante de l'Église en fonction des nouvelles questions des hommes qui touchent à la foi dans le temps.

Du fait que Jésus-Christ soit la plénitude de la Révélation et que la Révélation de Dieu ne donne pas encore à l'homme la connaissance définitive de Dieu, l'homme n'a jamais fini d'actualiser les richesses du Mystère du Christ dans l'ordre de l'existence chrétienne et dans l'ordre du langage de la foi. Voilà pourquoi, comme principe de continuité, la Tradition assure la continuation de ce qui a été une fois commencé et permet à la nouveauté de prendre sa valeur et sa place, à partir des connaissances et des expériences précédentes. Elle est l'actualisation toujours nouvelle de ce qui a été manifesté en Jésus-Christ. C'est la compréhension de la Révélation par la conscience vivante de l'Église en fonction des nouvelles questions des hommes[74]. Dans ce sens, la Tradition est la Révélation transmise. La prédication et la théologie demeureront toujours une entreprise herméneutique dans la mesure qu'elles rechercheront toujours la signification actuelle de l'événement Jésus-Christ à partir des divers langages de la foi[75].

La Tradition constitue ainsi le fondement que chaque époque doit élaborer à nouveau pour chaque nouveau commencement en se basant sur l'unique dépôt de la Révélation, l'Écriture sainte et de la Tradition (cf. DV 10). De cette manière, la Tradition rend présent la mémoire chrétienne et se comprend comme « la transmission fidèle de la Parole de Dieu, attestée dans le canon des Écritures par les prophètes et les apôtres et dans la *leitourgia* (la liturgie), la *martyria* (le témoignage) et la *diakonia* (le service) de l'Église »[76]. C'est par elle que se manifeste l'identité d'un esprit à travers la succession des générations en devenant le lieu de la mémoire. Tout au long de l'histoire, elle porte la mémoire. De la sorte, par la Tradition, la mémoire se fait présence et expérience actuelle, à travers laquelle l'événement qui s'est accompli une fois pour toutes en Jésus-Christ se fait contemporain dans l'aujourd'hui des hommes par la force de l'Esprit Saint[77].

Comme déjà traité ci-haut, pour l'Ancien Testament, la mémoire, à transmettre de génération en génération, est

---

[74] A travers ses publications, le Pape François est conscient du changement socio-culturel du monde. Il suffit de lire *Laudato si',* 102 ; *Evangelii Gaudium,* 52. 71-75 ; et *Amoris laetitia,* 32-59.

[75] Cf. C. GEFFRE, « Esquisse d'une théologie de la Révélation », 203.

[76] COMMISSION THEOLOGIQUE INTERNATIONALE, *La théologie aujourd'hui,* 7.

[77] « Nella Tradizione, la memoria si fa presenza ed esperienza attuale, per cui l'avvento compiutosi une volta per sempre in Gesù Cristo viene a farsi contemporaneo all'oggi degli uomini nella forza dello Spirito Santo ». B. FORTE, *La teologia come compagnia, memoria e profezia,* 170.

celle de la libération de l'esclavagisme d'Égypte. Il s'agit du haut fait que Yahvé a réalisé une fois pour toutes pour son peuple et qui demeure permanent dans l'histoire jusqu'au point que chaque génération se considère comme ayant fait la même expérience que ceux qui l'ont faite en réalité (cf. Dt 26,5-9 ; 6,20-24 ; Jos 24,2-13). Pendant les manifestations pascales, le rappel de cet événement est une invitation à l'engagement du peuple pour leur Dieu (cf. Jos 24, 4-24) et à la prise de conscience que tout israélite est redevable de son existence aux hauts faits de Dieu (cf. Ps 22,5 ; 44,2 ; 77 ; 78 ; 105). Dans le Nouveau Testament, la Tradition à transmettre est la plénitude de la Révélation de Dieu en Jésus-Christ (cf. DV 4), mort et ressuscité.

Dans le corps des traditions, la Tradition est comme la conscience d'un groupe, le principe d'identité qui unit les unes aux autres les générations qui se suivent. Elle leur permet de rester la même race d'hommes, le même peuple, tout en avançant dans l'histoire qui transforme toutes choses[78]. Elle est à comparer à un homme qui marche en s'appuyant sur le sol, un pied levé et un autre à terre, comme l'a fait Claudel[79]. De même, comme l'homme ne peut marcher, s'il garde ses deux pieds fixés au sol, ou s'il les lance tous deux en l'air ; de même, la Tradition, au-delà du conservatisme, est marche et progrès. Elle permet d'aller plus loin sans recommencer purement et simplement la même chose. De là, un lien s'érige entre la Tradition et la mémoire. Congar le dit clairement : « La tradition est mémoire, qui permet un enrichissement de l'expérience. Si l'on oubliait à mesure, on n'avancerait jamais. Si l'on était servilement lié aux formes du passé, pas davantage »[80].

---

[78] Cf. Y. CONGAR, *La Tradition et la vie de l'Eglise,* 10

[79] Lire quelques notes sur Paul Claudel dans Y. CONGAR, *La Tradition et la vie de l'Eglise,* 10.

[80] Y. CONGAR, *La Tradition et la vie de l'Eglise,* 10.

A partir de cette perspective, la Tradition fait référence d'une part, à tout ce qui est oral, un enseignement qui est transmis de façon vivante, et d'autre part, aux textes écrits par le magistère, la liturgie, les écrits patristiques, etc. Ainsi, la Tradition n'est pas servilisme, mais fidélité[81] ; fidélité, non pas dans le sens d'une pure transmission mécanique d'un dépôt inerte, mais dans le sens de la livraison d'un vivant à un autre vivant pour qu'il en vive dans l'espace et dans le temps historique.

Pour cette raison, l'identité chrétienne, étant donné qu'elle est acquise une fois pour toutes, elle est à donner et à recevoir chaque jour. Elle est donc historique et fait appel au critère de discernement en vue d'une transmission authentique et créatrice du christianisme de génération en génération. A l'instar de Vatican II, ce que le christianisme transmet est « de présenter la doctrine authentique sur la révélation divine et sa transmission, pour que, grâce à cette proclamation du salut, le monde entier croie en écoutant, espère en croyant, aime en espérant » (DV 1).

Les questions actuelles des hommes trouvent leur réponse dans la Parole de Dieu incarnée en Jésus-Christ car « en réalité, le mystère de l'homme ne s'éclaire vraiment que dans le mystère du Verbe incarné [...]. C'est donc par le Christ et dans le Christ que s'éclaire l'énigme de la douleur et de la mort qui, hors de son Évangile nous écrase » (GS 22). Donc, les questions des hommes ne sont pas fortuites, elles sont un aspect de la révélation de Dieu dans l'histoire dans la mesure où le devenir de l'homme et du monde n'échappe pas au plan providentiel de Dieu[82]. En suscitant la lumière de la Parole de Dieu qui tient compte de circonstance du temps et du lieu, les questions des hommes doivent être examinées avec beaucoup de discernement. Dans cette

---

[81] Cf. Y. CONGAR, *La Tradition et la vie de l'Eglise,* 10.
[82] Cf. C. GEFFRE, « Esquisse d'une théologie de la Révélation », 203.

optique, le discernement de la Parole de Dieu dans l'Écriture se veut un acte herméneutique, car le texte doit être interprété aujourd'hui à l'intérieur de la même Tradition que celle dans laquelle il a été écrit. Il y a à tenir compte d'une certaine continuité de sens liée à la continuité historique.

Dans le processus de discernement, la mémoire joue un grand rôle en invitant la Tradition à se référer à l'origine, à ce qui a été donné une fois pour toutes par Dieu, à l'Événement fondateur. Le but n'est pas la répétition d'un savoir constitué comme tel, mais l'actualisation toujours nouvelle de ce qui a été manifesté en Jésus-Christ en rapport avec les questions nouvelles que posent les hommes à la foi[83].

Avec le discernement, il est question de confronter les traditions variées avec l'unique Révélation en Jésus-Christ dans l'Esprit Saint (cf. Rm 4,25 ; 8,32 ; Eph 5,2) en ayant sous les yeux la finalité même de la Révélation qu'est le salut de l'humanité car ce n'est pas pour satisfaire la curiosité de l'homme ou accroître la somme de ses connaissances que Dieu s'est révélé en Lui-même et à l'humanité, c'est uniquement pour le salut[84] de l'homme et pour sa gloire (cf. LG 2). L'objectif est que tous les hommes arrivent à la plénitude de la Parole de Dieu (cf. DV 8). C'est à ce niveau-là que le Pape François, dans son exhortation post-synodale, souligne l'importance du discernement[85] dans le processus

---

[83] Cf. C. GEFFRE, « Esquisse d'une théologie de la Révélation », 185.

[84] De même, la finalité de l'esprit du législateur, l'ordre et la discipline dans l'Eglise, n'a qu'une finalité le salut des âmes (cf. CIC, 1752 code de 1983).

[85] «Il riferimento che il Papa fa a questioni, quali i segni dei tempi e l'importanza di ascoltare con attenzione i poveri, lo rende capace di superare gli argomenti, strettamente connessi con il discernimento ignaziano, per collocarsi in problematiche più ampie, che riguardano la capacità di prendere decisioni in chiave pastorale». G. WHELAN, «Il metodo teologico di Papa Francesco», 117, Cf. FRANCOIS, *Amoris Laetitia,* 304.

d'évaluation des questions actuelles. La Tradition est expliquée en tenant compte de la finalité de la Révélation qui n'est rien d'autre que le salut de l'humanité[86].

En se servant du discernement, l'Église, sans rompre la continuité de l'identité doctrinale, prononce une parole nouvelle précisant ce qui est juste et bon à chaque situation historique, en chacune des péripéties du drame ou de la comédie que constitue l'histoire humaine. Abondant dans le même sens, l'Église s'inspire du bon scribe du Royaume qui ne tire de son trésor des choses nouvelles autant qu'anciennes. Ainsi, 'marche et progrès', sont déterminatifs pour la Tradition. A ce sujet, les réflexions de Congar sur la Tradition dans l'Église sont très précieuses :

> Elle [la Tradition] est, en un sens, sa vie même ou, si l'on veut, l'aliment de sa vie. Comme telle, elle est reçue. Tout, dans l'Église, vient de plus loin, de certaines origines qui sont les points de source de l'Histoire du salut : le christianisme est essentiellement quelque chose d'hérité, une dépendance à l'égard de Pères dans la Foi. Mais elle est aussi actuelle. Ancienne, elle est toujours fraîche, elle est vivante : elle répond, depuis son trésor hérité, aux questions inédites du jour. Elle avance dans l'histoire vers une consommation, en se développant avec l'humanité croyante et chrétienne elle-même[87].

Dans le même ordre d'idée, la Tradition, pour Ricœur, est un héritage qui n'est pas un paquet clos qu'on se passe de main sans l'ouvrir, mais bien un trésor où l'on puise à pleines mains et que l'on renouvelle dans l'opération même

---

[86] Lire à ce sujet : G. O'COLLINS, « Criteri per l'interpretazione delle tradizioni », 397-411 ; H.J. POTTMEYER, « Norme, criteri e strutture della tradizione », 17-23; A. DULLES, « Tradizione: autentica e non autentica », 17-23; R. LATOURELLE, *La théologie de la Révélation,* 469-471.

[87] Y. CONGAR, *La Tradition et la vie de l'Eglise,* 119.

de l'épuiser. Elle demeure vivante de génération en génération grâce à l'interprétation[88].

A côté de la Tradition qui constitue une hérédité apostolique dans l'Église grâce à l'Esprit Saint, il y a des traditions, c'est-à-dire, les façons de faire et d'exprimer la Tradition, la Foi, les coutumes, les rites, les dispositions pratiques, toutes sortes de déterminations concrètes. Elles sont dites des 'traditions humaines', des 'traditions ecclésiastiques', parce qu'elles peuvent être modifier, abroger ou remplacer en un certain moment. Tandis que la Tradition divine ou divino-apostolique constituant un héritage de grande importance ne peut en aucun cas être modifier ; elle subit seulement l'opération herméneutique dans le sens qu'elle « cherche bien plutôt à manifester la signification toujours actuelle de la Parole de Dieu, que ce soit sous forme scripturaire, dogmatique ou théologique, en fonction des nouvelles expériences historiques de l'Église et de l'homme aujourd'hui »[89].

Issues de l'héritage, les traditions forment une certaine discipline de la vie chrétienne et servent grandement à la conservation et à la vitalité du christianisme. Néanmoins, en transmettant la Tradition, au singulier, elles ne coïncident *sic et simpliciter* avec elle. Pour être plus explicite, Ricœur[90] montre que l'homme est à la fois précédé et porté par des traditions. Ces dernières sont à interpréter dans le sens de recréer pour qu'elles soient des organes vivants de la vie. Ricœur déploie son herméneutique en distinguant trois éléments : traditionalité, traditions et tradition. La traditionalité désigne le fait d'être affecté par l'histoire, les traditions désignent les contenus transmis et la tradition la prétention vraie que le sujet reconnaît à ce qui lui vient des traditions.

---

[88] Cf. P. RICOEUR, *Le conflit des interprétations,* 31.
[89] C. GEFFRE, *Le christianisme au risque de l'interprétation,* 71-72.
[90] Cf. P. RICOEUR, *Temps et récit.* III. *Le temps raconté,* 318-332.

Par ailleurs, l'Écriture constitue dans le temps la mémoire tangible de Dieu. C'est de cela qu'il sera question dans le point suivant.

2.2. L'Écriture, une mémoire tangible de Dieu dans l'histoire

La Parole de Dieu est plus grande que l'Écriture et la Tradition. Ces dernières ne sont pas la finalité en elle-même, l'Évangile, ou toute la Parole de Dieu, mais elles sont « comme le miroir dans lequel l'Église, pendant son pèlerinage sur terre, contemple Dieu, de qui elle reçoit tout, jusqu'à ce qu'elle soit arrivée à son terme » (DV 7). C'est-à-dire, l'Écriture porte la mémoire dans la mesure qu'elle est toujours précédée par l'événement fondateur, l'auto-révélation de Dieu lui-même en Jésus-Christ. Elle l'actualise comme événement contemporain en produisant un nouveau texte et de nouvelles figures historiques[91]. Dans ce sens, le christianisme n'est pas une religion à texte passé et clos, un dépôt figé, mais il est une religion de la Parole, une Tradition créatrice dans la mesure qu'il est l'actualisation toujours nouvelle des possibilités contenues dans le mystère du Christ[92].

L'Écriture est un témoignage[93] qui renvoie aux événements historiques de Dieu et de l'homme. Elle constitue une certaine interprétation croyante, irrémédiablement historique. Comme témoignage, l'Écriture elle-même est une interprétation. Dans cette optique, accueillir la Parole de Dieu

---

[91] Cf. C. GEFFRE, *Le christianisme au risque de l'interprétation,* 71 ; C. GEFFRE, *Un nouvel âge de la théologie,* 58-61.

[92] Cf. C. GEFFRE, « Esquisse d'une théologie de la Révélation », 203.

[93] Témoigner, c'est faire venir à la parole un événement qui s'est réellement produit, mais ce n'est pas relater purement et simplement l'événement : c'est promouvoir l'événement à une existence nouvelle. Cf. C. GEFFRE, « Esquisse d'une théologie de la Révélation », 184.

dans l'Écriture, c'est se livrer à une opération herméneutique[94].

En effet, la Révélation place l'homme en face d'un Dieu qui, en se révélant, a utilisé la parole humaine pour que sa Parole soit écoutée par des hommes qui en sont les destinataires privilégiés. Non seulement, il a utilisé la parole humaine, mais aussi il l'a insérée dans une écriture humaine pour qu'elle parvienne à tout le monde et là « on pourrait affirmer le caractère pleinement humain de la révélation sans dissoudre sa transcendance dans le sujet bénéficiaire »[95].

En devenant une Écriture, le témoignage du Peuple de Dieu et le premier témoignage des apôtres appartiennent de façon durable à l'histoire humaine et ouvrent la possibilité d'actualisation toujours nouvelle dans l'ordre du sens et de l'agir. Ainsi, la nouveauté de la Révélation chrétienne vient du fait que Dieu se fait connaître dans le dialogue qu'il a instauré avec l'homme[96].

Dans l'Ancien Testament, la Parole de Dieu, c'est la réactualisation de l'expérience initiale de la libération et de l'Alliance. Néanmoins, le terme Parole de Dieu, incorporée comme Écriture, se réfère à la promulgation du Décalogue, dans lequel Moise a mis par écrit les Paroles du Seigneur : « Moïse mit par écrit toutes les paroles de Yahvé » (Ex 24,4 ; voir aussi Ex 34,1 ; Dt 10,4). Comme dans la tradition biblique, le décalogue a une place privilégiée, il a été présenté comme le document officiel sur base duquel Dieu et Israël conclurent l'alliance. Pour la mémoire de tout israélite, le décalogue est conçu comme un don reçu de Dieu pour son bien et un engagement envers Dieu dès le jour qu'il l'a reçu jusqu'à la fin des temps. Le décalogue manifeste la particularité du peuple d'Israël dans le monde

---

94 Cf. C. GEFFRE, « Esquisse d'une théologie de la Révélation », 183.

95 C. GEFFRE, « Esquisse d'une théologie de la Révélation », 181.

96 Cf. BENOIT XVI, *Verbum Domini,* 1.

comme un peuple consacré, mise à part pour son Dieu. La caractéristique principale du décalogue est qu'il soit écrit, lu devant le peuple et ce dernier en promet fidélité (cf. Ex 24,7 ; Dt 31,10-13).

Dans l'ensemble, la Parole de Dieu est mise par écrit pour aider la mémoire de se la rappeler. L'exemple le plus parlant est la bataille entre Israël et Amaleq pendant la pérégrination dans le désert : « Yahvé dit alors à Moïse : 'Écris cela dans un livre pour en garder le souvenir, et déclare à Josué que j'effacerai la mémoire d'Amaleq de dessous les cieux' » (Ex 17,14). Au sujet de la marche dans le désert, Moïse a mis par écrit ses étapes : « Moïse consignait par écrit leurs points de départ quand ils partaient sur l'ordre de Yahvé » (Nb 33,2). De même les prophètes ont mis par écrit ou ont fait écrire leurs discours par l'intermédiaire d'un autre. Leur parole était accueillie comme Parole de Dieu. Nombreux témoignages existent sur la mise par écrit des textes de Jérémie (cf. Jr 25,13 ; 45,1 ; 51,60).

Les Écrits sont donc le « sanctuaire » dans lequel le croyant trouve la lumière et le terrain solide (cf. Ps 73,17), la lumière et la lampe de ses pas (cf. Ps 119,105), la « maison » que la Sagesse divine a construite (cf. Pr 9,1). Ils ont un caractère divin dans la mesure qu'ils rendent compte par écrit des évènements de l'histoire du salut, de la loi et des discours prophétiques.

Dans le Nouveau Testament, les Écritures de l'Ancien Testament sont prises en considération comme source de vérité. Celui qui ne les connait pas tomberait dans l'erreur (cf. Mt 22,29 ; Mc 12,24.27). Les Écrits de l'Ancien Testament sont ainsi la mémoire de ce que Dieu a fait une fois pour toutes et qui s'est accompli dans le Nouveau Testament pour être présent tout au long de l'histoire.

Dans l'ensemble, c'est par l'inspiration que l'Écriture est accueillie comme Parole de Dieu, une mémoire tangible de Dieu qui parle à l'homme dans les circonstances de sa vie.

En effet, par le charisme de l'inspiration[97] qui se trouve au début de l'histoire du peuple élu, sa reconnaissance pleine se trouve dans le Nouveau Testament. Même si l'Ancien Testament ne parle pas de l'inspiration, il existe la conscience d'avoir reçu une Parole de Dieu. Cette dernière est liée à la foi et le critère qu'elle offre pour la concevoir comme Parole de Dieu est l'efficacité, c'est-à-dire, la force des desseins de Dieu, de sa Parole. Dans ce sens, Isaïe présente la Parole de Dieu comme une pluie qui a la force de féconder la terre (cf. Is 55,10-11). Dans le Nouveau Testament, deux textes en sont significatifs : 2 Tm 3,14 ; 2 P 1,20-21. Ils montrent avec clarté, non seulement le caractère inspiré de l'Écriture, mais aussi de l'auteur et son efficacité pour la vie.

La suite soulignera la mémoire comme base d'unité et de complémentarité entre la Révélation, la Tradition et l'Écriture.

2.3. La mémoire comme base d'unité et de complémentarité entre la Révélation, la Tradition et l'Écriture

Au fondement du judéo-christianisme se trouve des événements qui, non seulement ont mis fin à une histoire d'esclavage subie, mais aussi ont ouvert la porte pour un nouveau commencement jusqu'au point de les élever comme un Événement pour tous. Le premier événement vétérotestamentaire de qui tout découle est la libération de l'esclavage d'Égypte par le Dieu d'Abraham, d'Isaac et de Jacob, le Dieu des Pères nommé « Je suis celui qui est » (Ex 3,14). C'est à partir de ce départ que le peuple élu envisagea une réflexion théologique postérieure sur la création et autres éléments fondamentaux de la foi.

[97] Cette dissertation n'a pas l'intention de développer l'argument sur l'inspiration ; l'objectif est seulement de montrer qu'à travers elle, l'Ecriture de l'Ancien et Nouveau Testament est accueillie comme Parole de Dieu. Cf. M.C. APARICIO VALLS, *Inspirazione,* 21-24.

L'Événement fondamental au cœur du christianisme s'inscrit dans l'univers vétérotestamentaire. C'est en un seul mot la Révélation de Dieu qui est le centre du christianisme. Il s'agit de l'unique Événement du don de Dieu de son propre Fils aux hommes (cf. Rm 4,25, 8,32), mais aussi de l'auto-donation de Jésus-Christ lui-même (cf. Eph 5,2). En Jésus-Christ donc, la Révélation de Dieu atteint sa plénitude : « Par toute sa présence, par tout ce qu'il montre de lui-même, par ses paroles, par ses œuvres, par ses signes, par ses miracles, mais surtout par sa mort et sa résurrection d'entre les morts, enfin par l'envoi qu'il fait de l'esprit de vérité, [il] donne à la révélation son dernier achèvement » (DV 4). Saint Paul le dit clairement « Si le Christ n'est pas ressuscité, vaine est votre foi » (1Co 13,17). Voilà, la mémoire fondamentale qui a eu lieu une fois pour toutes et qui reste permanente de génération en génération. C'est elle qui est à la base de la Tradition exprimée dans la prédication apostolique et dans la fraction du pain (cf. 1Co 11,23). De ce fait, théologiquement, la mémoire chrétienne se comprend comme ce qui est arrivé en Jésus-Christ, par lui et avec lui, une fois pour toutes pour être une présence permanente dans l'histoire du salut (cf. Rm 6,10 ; He 10,10 ; Jd 3).

La mémoire chrétienne, non seulement rappelle le passé dans le présent, mais aussi, elle actualise ce qui s'est fait une fois pour toutes pour être présence permanente dans l'histoire (cf. Rm 6,10 ; He 10,10 ; Jd 3). C'est cela la dimension eschatologique de la mémoire en double direction. En direction horizontale, ce qui est advenu une fois pour toutes est transmis à partir du témoignage des apôtres et en direction verticale, ce qui est advenu une fois pour toutes est transmis à partir de la présence pneumatique du Seigneur glorifier dans le 'corps du Christ', composé de plusieurs membres (cf. Eph 1,23 ; 5,30).

Ayant cette mémoire comme origine, il se créé une relation importante et complémentaire entre la Révélation, la Tradition et l'Écriture. L'Écriture présuppose la Tradition et la Tradition présuppose la Révélation. La Révélation est antérieure à la Tradition et l'Écriture, de même la Tradition est antérieure à l'Écriture elle-même. C'est grâce à la Tradition que l'Écriture est reconnue comme sacrée, c'est-à-dire, inspirée et canonique ; et c'est grâce à l'Écriture que la Tradition est reconnue comme divino-apostolique. Tout cela pour montrer l'importance de l'unité entre la Tradition et l'Écriture.

L'unité entre la Tradition et l'Écriture vient de leur origine qu'est Dieu lui-même. Elles ont donc la même origine, le même contenu, le même service parce qu'elles « constituent l'unique dépôt sacré de la Parole de Dieu confié à l'Église » (DV 10). Elles ont comme auteur primaire Dieu lui-même. Toutes deux témoignent l'effectivité de la Révélation de Dieu qui a eu lieu d'abord à Israël et s'est accompli en Jésus-Christ une fois pour toutes et demeure permanant dans l'histoire. Toutes deux réalisent le même service de communication. Elles communiquent la Révélation de Dieu à l'Église tout entière et à chaque croyant « depuis les évêques jusqu'au dernier des fidèles laïcs » (LG 12) et en rendent témoignage. Dans ce sens, la Bible elle-même se comprend comme « l'œuvre de la tradition interprétative »[98].

Les fidèles chrétiens qui constituent la mémoire de la parole du Christ à ses disciples « Qui vous écoute, m'écoute » (Lc 10,16), accueillent les enseignements et les directives des apôtres et de leurs successeurs et manifestent à l'Écriture et à la Tradition la même vénération[99]. Ils sont pleine-

---

[98] C. GEFFRE, « Esquisse d'une théologie de la Révélation », 184.

[99] « *Utraque pari pietatis affectu ac reverentia suscipienda et veneranda est* ». VATICAN II, *Dei Verbum,* 9.

ment conscients que leur foi est nourrie, fortifiée et confirmée par l'Écriture et la Tradition, toutes deux, venant de la même source. Les chrétiens vivent dans l'Église de ce que l'Écriture et la Tradition témoignent pour tous les temps.

Sans la Tradition et l'Écriture, la Révélation n'est pas complète parce qu'elle était destinée à être proclamée publiquement dans la Tradition et formulée dans le langage inspiré dans l'Écriture. L'Écriture exprime la Révélation de manière humaine et la Tradition en la recevant, la prononce comme la réponse de l'Église apostolique. Ainsi, grâce à la mémoire, la Révélation suscite la Tradition et l'Écriture. Ces dernières incorporent la Révélation et la transmettent effectivement à l'intelligence et au cœur des croyants d'aujourd'hui. La Tradition se comprend alors comme Parole de Dieu transmise et l'Écriture comme Parole de Dieu mise par écrit. La Tradition et l'Écriture sont toutes deux la règle suprême de la foi de l'Église (cf. DV 21).

La norme suprême de la foi et de théologie est donc la Parole de Dieu, la *norma normans non normata,* qui s'est incarné en Jésus-Christ (cf. Jn 1,1-14). Elle devient accessible aux hommes de ce temps grâce aux témoignages des prophètes et des apôtres et se trouve consignée par écrit dans l'Ancien et le Nouveau Testament grâce à la médiation de l'Esprit Saint.

L'Esprit Saint joue le rôle fondateur et constitutif de la Parole de Dieu, non seulement au début historique de l'Église, mais aussi en ce qui concerne la conversion d'une personne dans n'importe quel temps de l'histoire. L'Écriture qui en est son œuvre est la norme primaire de la tradition ecclésiastique. Elle est dite *norma normata primaria* et les traditions ecclésiastiques, crues dans l'Église guidées par l'Esprit Saint, sont la norme secondaire, *norma normata secundaria* de la foi, spécialement en ce qui concerne sa fonction herméneutique dans l'interprétation de l'Écriture Sainte dans un moment historique donné.

Avec ce parcourt sur la Tradition et l'Écriture comme porteuses de la mémoire, il est clair que Dieu, étant transcendant dans chaque discours énoncé avec les paroles humaines (cf. Is 55,8-9), a voulu que sa Parole éternelle devienne chair (cf. Jn 1,14) et meurt sur la croix, pour que l'existence des signes humains et des témoignages humains, comme celles de l'Écriture et de la Tradition, expriment adéquatement la Parole de Dieu et appellent les hommes à la foi. Le magistère, constitué des successeurs des apôtres, joue un rôle important comme organe crédible qui interprète et rappelle la Parole de Dieu, la mémoire, dans les différentes circonstances de la vie humaine dans le monde.

3. Le magistère : organe de rappel de la mémoire dans l'aujourd'hui

Étymologique, le terme magistère vient du latin *magisterium*, de *magis,* le grand. Pour saint Augustin, ce terme était réservé à Jésus-Christ ; les hommes d'Église n'avaient que le *ministerium* de *minus*, le petit. Mais petit à petit, *magisterium* a commencé à désigner le pouvoir conféré aux pasteurs de l'Église dans l'exercice de leur ministère. Actuellement, il désigne l'autorité doctrinale et morale du pasteur[100].

En rapport avec la mémoire, le magistère qui forme la charge collégiale des évêques, unis au Pontife romain, en vue d'annoncer l'Évangile à temps et à contre temps et de veiller afin que celui-ci soit partout annoncé correctement[101], assume la fonction du rappel de la mémoire chrétienne en tenant compte de circonstances de temps et des

[100] Cf. P. DESCOUVEMONT, *Guide des difficultés de la foi catholique,* 93.

[101] Le magistère se comprend comme la charge collégiale des évêques, unis au Pontife romain, en vue d'annoncer l'Évangile à temps et à

lieux et de l'interprétation authentique de la Parole de Dieu (cf. DV 10).

Deux points seront développés à ce niveau. Le premier traitera du magistère comme organe fondamental qui garde et interprète la Parole de Dieu et le deuxième du magistère comme organe qui rappelle la mémoire chrétienne au cours de l'histoire. Deux derniers papes, Benoît XVI et François, en serviront d'appui.

3.1. Le magistère, gardien et interprète de la Parole de Dieu

Dans sa pédagogie, Jésus-Christ lui-même a voulu maintenir intact sa Révélation et la transmettre de génération en génération grâce aux apôtres comme source de toute vérité

---

contre temps et de veiller afin que celui-ci soit partout annoncé correctement. Le sujet du magistère suprême est le Pontife romain inséparable de la collégialité épiscopale (cf. DV 10 ; LG 25, Canon 756, 1 du code canonique de 1917). En trois catégories, le magistère ecclésiastique est classé. La première catégorie c'est le magistère ordinaire : il enseigne, soit de manière expresse, soit de manière tacite. Il est de droit divin et est constitué du pontife romain, le successeur de Pierre, et des Évêques, les successeurs des apôtres (cf. Canon 756,1 du code canonique de 1917). Les évêques exercent leur magistère par la prédication, les lettres synodales, les amendements, la vigilance doctrinale, le synode diocésain ou concile particulier. Le Pape exerce son magistère ordinaire en deux modes : par lui-même, en écrivant les encycliques, les constitutions apostoliques, les discours et les lettres ou les brefs ; soit par ses auxiliaires de droit ecclésiastique ou les dicastères de la Curie romaine, tels que les congrégations, les conseils, les tribunaux, etc. (cf. DZ 2880). La deuxième catégorie du magistère c'est le magistère ordinaire et universel, c'est ce que l'épiscopat soutient unanimement et en communion avec le siège romain comme vérité appartenant à la foi ou à la morale, considérée comme telle et retenue comme définitive (cf. DZ 2879 ; Canon 1323,1 du code canonique de 1917). La dernière catégorie du magistère c'est le magistère extraordinaire et solennel : ce magistère entre en action dans des circonstances exceptionnelles, surtout pour aviser à une situation critique ou déclarer la foi de l'Église contre les hérésies. Souvent, il aboutit à des définitions solennelles, c'est-à-dire à un jugement formel et définitif porté sur un point précis en matière de doctrine.

salutaire et de toute discipline morale. Ceux-ci en ont exécuté l'ordre et pour que l'Évangile demeure vivant, ils ont choisi les évêques comme leurs successeurs. La constitution *Dei Verbum* le dit en ces termes :

> L'ordre du Christ a été fidèlement exécuté par les Apôtres qui, dans leur prédication orale, leurs exemples, dans ce qu'ils ont établi, ont transmis soit ce qu'ils avaient reçu de la bouche du Christ, de leurs relations intimes avec lui, de ses œuvres, soit ce qu'ils avaient appris sous la suggestion du Saint-Esprit [...]. Pour que l'Évangile fut gardé à jamais intact et vivant dans l'Église, les Apôtres ont laissé comme successeurs les évêques, auxquels 'ils ont transmis leur propre charge d'enseignement' (DV 7).

La tâche d'interpréter la Parole de Dieu, sous l'action de l'Esprit Saint, est l'œuvre de toute la communauté croyante[102]. C'est elle qui, vivant dans le monde présent, guidée par l'Esprit de Dieu, interprète la Parole de Dieu. L'interprétation ne surgit pas *ex nihilo,* elle s'inscrit dans la Tradition chrétienne, car son point de départ est la Révélation de Dieu lui-même. L'interprétation faite par le croyant a comme objectif de dégager la signification permanente de la Parole de Dieu à partir de l'intelligence historique que l'homme prend de lui-même et de son monde culture[103].

Par ailleurs, les évêques constituent le magistère de l'Église pour veiller à la conservation et à l'interprétation authentique de la Parole de Dieu. Le concile Vatican II, dans sa constitution dogmatique *Dei Verbum*, l'exprime en

---

[102] L'accent est mis sur le *sensus fidei,* c'est-à-dire à l'instinct qu'ont les fidèles pour la vérité de l'Évangile. Grâce au *sensus fidei*, sous l'action de l'Esprit Saint, les fidèles reconnaissent la doctrine et la pratique authentiques de l'Église. Tout en faisant référence aussi au sujet individuel, le *sensus fidei,* se réfère aussi à la réalité communautaire et ecclésiale qui reconnait son Seigneur et proclame sa Parole. Cf. CTI, *Le sensus fidei* dans la vie de l'Église, n°2.3.

[103] Cf. C. GEFFRE, *Un nouvel âge de la théologie,* 58.

ces mots : « La charge d'interpréter authentiquement la Parole de Dieu écrite ou transmise a été confiée au seul magistère vivant de l'Église, dont l'autorité s'exerce au nom de Jésus-Christ » (DV 10).

L'interprétation ou l'actualisation de la Parole de Dieu ne signifiant pas la manipulation des textes à son gré, ni la projection des opinions ou des idéologies nouvelles sur les écrits bibliques, mais c'est la recherche sincère de la lumière que contient la Parole de Dieu pour le temps présent. Elle suppose un effort herméneutique visant à discerner à travers le conditionnement historique les points essentiels du message.

Face aux difficultés que présentent l'interprétation de la Bible, des textes obscurs qu'elle contient, par exemple, au sujet de certains oracles de Jérémie, Daniel s'interroge longuement sur leur sens (cf. Dn 9,2), selon les Actes des Apôtres, un Ethiopien du premier siècle afficha son incompréhension du texte d'Isaïe (Is 53,7-8) et la nécessité d'un interprète (Ac 8,30-35), de même la deuxième lettre de Pierre déclare, d'une part, qu' « aucune prophétie de l'Écriture n'est affaire d'interprétation privée » (2P 1,20) et d'autre part, elle observe que les lettres de l'apôtre Paul contiennent « des passages difficiles, dont les gens ignares et sans formation tordent le sens, comme ils le font aussi des autres Écritures, pour leur perdition » (2P 3,16)[104] ; la charge herméneutique authentique du magistère a comme source le Christ lui-même qui, tout librement, a choisi non seulement les douze, mais aussi un lieu, un temps, une race, une mère pour entrer en communication avec les hommes de tous les temps. De même, le magistère est donc une médiation, une instance qui, pour entrer en communication avec le temps actuel, est appelée à la fidélité avec son Seigneur, avec les apôtres pour la transmission authentique de

---

[104] COMMISSION BIBLIQUE PONTIFICALE, *L'interprétation de la Bible dans l'Église,* 23.104.

la mémoire chrétienne. De toute façon, pour des décisions, cet organe consulte des fidèles et des théologiens compétents et confiants « pour garder, pratiquer, professer la foi transmise, il se fait un accord remarquable des Évêques et des fidèles » (DV 10).

Dans la même optique, la Commission Théologique Internationale reconnaît au magistère le maintien avec autorité l'authenticité chrétienne et l'unité en matière de foi et morale. C'est lui qui a la compétence de reprouver des opinions qui mettent en péril la foi et la morale de l'Église et de proposer les vérités qui tiennent compte du contexte historique et de la mémoire chrétienne donnée une fois pour toutes. Bien qu'il ne revienne pas à lui la compétence d'élaborer des synthèses théologiques, son souci de l'unité doit lui faire considérer les différentes vérités particulières à la lumière du tout de l'enseignement du message chrétien[105].

C'est pour cette raison, le magistère, éclairé par l'Esprit Saint, certifie que l'Église contemporaine est Corps du Christ en adhérant à la même et commune foi professée par les apôtres[106]. C'est cela que souligne Feiner en ces termes :

> Parce qu'elle a confiance dans l'action et la conduite de l'Esprit, l'Église post-apostolique, bien qu'elle ne bénéficie pas comme l'âge apostolique de la présence des témoins oculaires, possède en tout temps la certitude de n'être jamais,

---

[105] Cf. CTI, *Magistère et théologie,* V.1.

[106] La garantie, dont il est question, n'est pas dans les capacités humaines de ceux qui sont dans l'Église les supports de la Révélation ; elle est en dernière analyse l'action dans l'Église de l'Esprit Saint, promit pour toute la durée de son existence terrestre. L'Esprit saint rend présent la Révélation réalisée dans le Christ, en ce sens uniquement qu'il garantit la relation de l'Église au témoignage apostolique contenu dans l'Écriture, et la conformité de l'Église avec l'Écriture, la fidélité de l'Église au témoignage des apôtres, dans l'ensemble et l'essentiel de sa prédication ainsi que dans les énoncés qu'elle impose concernant la Révélation. Cf. J. FEINER, « Révélation et Église », 59.

> dans sa prédication et son enseignement, en opposition formelle avec la parole normative des apôtres, mais de toujours rester, pour l'essentiel, en union et en continuité avec sa parole[107].

Il ressort de ce qui précède que la fidélité à laquelle est tenue le magistère consiste à rendre actuelle la Parole de Dieu, la mémoire chrétienne dans la situation historique actuelle. Cette fidélité est dite « créatrice »[108], car en invitant pas aux répétions mécaniques, stériles, des mots anciens ; dans l'humilité et l'amour, elle propose le mystère du Christ à l'aide des mots et des catégories les plus parlants, pertinents et percutants pour le monde actuel. En d'autres

---

[107] J. FEINER, « Révélation et Église », 59.

[108] L'origine de la parole « fidélité créatrice » est du philosophe français Gabriel Marcel en répondant aux questions : Comment une fidélité active et en quelque sorte militante envers un mort aimé peut-elle se concilier avec les lois même de la vie ? ou plus profondément encore : comment un rapport stable et vrai peut-il s'établir entre les morts et les vivants ? Comment être fidèle à l'engagement de demain tout en s'engageant aujourd'hui ? Comment être fidèle à l'autre et sincère avec soi ? Pour Gabriel Marcel, la fidélité dont il est question est la fidélité créatrice qui fait appel à l'humilité et à l'amour afin de rester fidèle toujours à l'engagement pris. Et le Pape Jean-Paul II, dans son exhortation post-synodale sur la *Vita consecrata*, exhorte les instituts à la fidélité créatrice, à retrouver avec courage l'esprit entreprenant, l'inventivité et la sainteté des fondateurs et des fondatrices, en réponse aux « signes des temps » qui apparaissent dans le monde actuel. Quant au Père Peter-Hans Kolvenbach, le 29ème supérieur général de la Compagnie de Jésus de 1983-2008, à la place de la refondation de la Compagnie de Jésus, préfère le terme de « fidélité créatrice » car on cherche à vivre le charisme ignacien originel dans le contexte du monde contemporain, à viser un service plus parfait à tous les niveaux de la vie de la Compagnie. La fidélité créatrice suppose une écoute de l'Esprit Saint pour en arriver à un vrai discernement. Pour ce qui concerne l'argument sur la fidélité créatrice, il est indiqué de lire : X. TILLIETTE, « La 'fidélité créatrice' Gabriel Marcel » ; G. MARCEL, « La fidélité créatrice » ; P.-H. KOLVENBACH, « Fidélité créatrice dans la mission » ; JEAN-PAUL, Exhortation post-synodale *Vita consecrata,* 37.

termes, l'interprétation faite par le magistère de la Parole de Dieu dans un contexte précis de l'histoire n'est pas une répétition mécanique du message chrétien, mais une fidélité créatrice qui n'est fidèle en elle-même que pour autant qu'elle engendre de nouvelles formes de pratiques.

C'est dans ce sens que le magistère invite l'Église à répondre à chaque époque à l'unique et à la seule Parole de Dieu : « Dans une situation historique qui ne cesse de se transformer, l'Église est appelée à donner une réponse toujours nouvelle à la seule et unique Parole de Dieu et à traduire son unique foi en la même révélation de Dieu dans des comportements toujours nouveaux »[109]. Il ne s'agit donc pas de répéter ce qui a toujours été, fait et dit, mais la fidélité créatrice ouvre aux croyants de nouveaux horizons. Sur ce point, les réflexions de Ricœur sont précieuses : « nous ne sommes jamais en position absolue d'innovateurs, mais toujours d'abord en situation relative d'héritiers »[110].

L'interprétation authentique de la Parole de Dieu par le magistère est possible que si le magistère lui-même se laisse éclairer par cette Parole, l'accueille par la foi et se laisse purifier par elle, la confesse et l'expose comme son fondement. A ce sujet, la constitution dogmatique *Dei Verbum* affirme :

> Ce magistère n'est pas au-dessus de la Parole de Dieu ; il la sert, n'enseignant que ce qui est transmis, puisque, en vertu de l'ordre divin et de l'assistance du Saint-Esprit, il écoute pieusement la Parole, la garde religieusement, l'explique fidèlement, et puise dans cet unique dépôt de la foi tout ce qu'il nous propose à croire comme étant divinement révélé (DV 10).

---

[109] L.S. KINKUPU, *Dogme et inculturation,* 31.
[110] P. RICŒUR, *Temps et récit,* 320.

Comme auditeur de la Parole, le magistère rappelle la mémoire chrétienne, en tant qu'il écoute, croit et enseigne avec autorité la Révélation de Dieu. Dans l'unité de ces trois aspects, exprimés par le verbe 'écouter', 'croire', 'enseigner' ; le magistère rappelle au monde entier la présence permanente du Christ dans l'histoire. Il y maintient la vérité du Christ, la développe et la rend présente à chaque époque.

Dans le but de montrer comment le magistère rappelle la mémoire chrétienne de génération en génération, la suite fait appel aux deux derniers papes.

3.2. Le magistère, organe fondamental qui rappelle la mémoire chrétienne au cours de l'histoire

En tenant compte de circonstances spécifiques de l'histoire, par ses déclarations, ses écrits, le magistère rappelle la mémoire chrétienne, consignée dans l'Écriture et transmise par la Tradition. Pour des raisons méthodologiques, en quelques lignes, ce travail ne se limitera que sur l'importance de la mémoire dans le magistère de Benoit XVI et François.

3.2.1. La mémoire dans le magistère du Pape Benoît XVI

A travers ses trois encycliques[111], ses exhortations post-synodales[112], et tous ses écrits théologiques, le Pape Benoît XVI[113] met en valeur la mémoire chrétienne fondée dans la personne de Jésus-Christ, le Révélateur du Dieu-Amour. Il

---

[111] BENOIT XVI, *Deus Caritas est ; spe salvi, caritas in veritate.*

[112] BENOIT XVI, *Sacramentum caritatis ; Verbum Domini.*

[113] Joseph Aloisius Ratzinger est né le 16 avril 1927 à Marktl en Bavière, Allemagne. Elu pape le 19 avril 2005 et appris le nom de Benoît XVI. Il est le 265ème Pape, successeur de Pierre et évêque de Rome. Il renonça à cette charge le 28 février 2013. Depuis sa renonciation, il vit comme émérite dans le monastère *Mater ecclesiae*. Depuis lors, il mène la vie de silence, de prière et de recherches théologiques. Il est auteur de plusieurs œuvres de grande facture théologique.

le dit clairement en ces termes : «A l'origine d'être chrétien, il n'y a pas une décision éthique ou une grande idée, mais la rencontre avec une Personne, qui donne à la vie un nouvel horizon et par là son orientation décisive»[114].

La première encyclique de Benoit XVI, *Deus caritas est,* constitue un texte fondamental qui renvoie l'Église, le peuple de Dieu, au cœur de la foi chrétienne. Il le dit avec les paroles de saint Jean : « Dieu est amour : celui qui demeure dans l'amour demeure en Dieu, et Dieu est en lui » (1 Jn 4,16). Pour Benoît XVI :

> Ces paroles de la première lettre de saint Jean expriment avec une particulière clarté ce qui fait le centre de la foi chrétienne : l'image chrétienne de Dieu, ainsi que l'image de l'homme et de son chemin qui en découle. De plus, dans ce même verset, Jean nous offre pour ainsi dire une formule synthétique de l'existence chrétienne : 'Nous avons reconnu et nous avons cru que l'amour de Dieu est parmi nous'[115].

Ainsi, l'amour constitue la dimension essentielle de la foi chrétienne, du témoignage et de l'engagement des chrétiens dans le monde. Cet amour qui dévoile l'être même de Dieu est capable, non seulement de transformer la vie personnelle, mais aussi de s'engager pour l'organisation des structures sociales, de travailler pour la justice, la réconciliation, la paix et la dignité de la personne humaine dans le monde tout en cultivant l'espérance en l'avenir.

Le Christ révèle l'identité de Dieu-Amour. Voilà pourquoi, à l'interrogation infinie sur Dieu, de savoir qui il est, comment est-il ? Que veut dire l'homme ? Pour Benoît XVI, Jésus-Christ en donne une réponse infinie qui n'est rien que lui-même : « Il a apporté Dieu : désormais nous

---

[114] BENOIT XVI, *Deus Caritas est,* 1.
[115] BENOIT XVI, *Deus Caritas est,* 1.

connaissons son visage, désormais nous pouvons l'invoquer. Nous connaissons maintenant la route qu'il nous faut prendre, en tant qu'homme, dans ce monde. Jésus a apporté Dieu et avec lui la vérité sur notre destinée et notre origine »[116].

Au jour le jour, l'homme a besoin des espérances pour aller de l'avant, il y a des petites aussi bien des plus grandes, seul le Dieu, révélé en Jésus-Christ, le Dieu qui a pris le visage humain et qui aime l'homme jusqu'au bout, chacun individuellement et toute l'humanité entière, est la grande Espérance[117] qui guide les pas de l'homme dans le monde.

La Grande espérance donne à l'homme la possibilité de persévérer avec sobriété jour après jour dans ce monde en soutenant l'existence humaine (cf. Eph 2,12). Benoît XVI le dit en ces termes : « La vraie, la Grande espérance de l'homme, qui résiste malgré toutes les désillusions, ce peut être seulement Dieu – le Dieu qui nous a aimés et qui nous aime toujours 'jusqu'au bout', 'jusqu'à ce que tout soit accompli' (cf. Jn 13,1 et 19,30) »[118].

La dimension critique de la mémoire en Benoît XVI se trouve contenu dans son discours prononcé le 28 mai 2006 lors de sa visite apostolique au camp de concentration

---

[116] J. RATZINGER-BENOIT XVI, *Jésus de Nazareth. La figure et le message,* 151.

[117] « Tout au long des jours, l'homme a de nombreuses espérances – les plus petites ou les plus grandes -, variées selon les diverses périodes de sa vie. Parfois il peut sembler qu'une de ces espérances le satisfasse totalement et qu'il n'ait pas besoin d'autres espérances. Dans sa jeunesse, ce peut être l'espérance d'un grand amour qui le comble ; l'espérance d'une certaine position dans sa profession, de tel ou tel succès déterminant pour le reste de la vie. Cependant, quand ces espérances se réalisent, il apparaît clairement qu'en réalité ce n'était pas la totalité. Il paraît évident que l'homme a besoin d'une espérance qui va au-delà. Il paraît évident que seul peut lui suffire quelque chose d'infini, quelque chose qui sera toujours plus que ce qu'il ne peut jamais atteindre ». BENOIT XVI, *Spe salvi,* 30.

[118] BENOIT XVI, *Spe salvi,* 27.

d'Auschwitz. Ce camp est véritablement un lieu d'horreur, de crime contre Dieu et contre l'homme lui-même. C'est un lieu sans égal au monde, opprimant, mais qui rappelle à l'homme ce qui arrive quand on garde silence et qui interpelle l'homme de ne plus commettre un autre crime aussi grave comme celui-là. A ce sujet, Benoît XVI affirme :

> Dans un lieu comme celui-ci, les paroles manquent ; en réalité, il ne peut y avoir qu'un silence effrayé - un silence qui est un cri intérieur vers Dieu : Pourquoi, Seigneur, es-tu resté silencieux ? Pourquoi as-tu pu tolérer tout cela ? C'est dans cette attitude de silence que nous nous inclinons au plus profond de notre être, face à l'innombrable foule de tous ceux qui ont souffert et qui ont été mis à mort ; toutefois, ce silence devient ensuite une demande de pardon et de réconciliation, formulée à haute voix, un cri au Dieu vivant, afin de ne plus jamais permettre une chose semblable[119].

Le discours du Pape ne justifie pas Dieu ni l'homme, c'est un cri à Dieu. Il souligne la thématique metzienne de la « mystique du mal à Dieu »[120].

Ce parcours sur Benoît XVI sur la mémoire ouvre à un autre Pape, l'actuel François qui, de son tour, le terme mémoire revient à plusieurs reprises dans ses écrits aussi bien dans ses discours.

---

[119] BENOIT XVI, *Discours de visite au camp de concentration d'Auschwitz. Auschwitz-Birkenau 28 mai 2006.*

[120] J.B. METZ, *Memoria passionis,* 27.

3.2.2. La mémoire dans le magistère du Pape François

A plusieurs reprises, le Pape François[121] parle de la mémoire. Dans sa lettre encyclique *Lumen Fidei*[122], son exhortation apostolique *Evangelii Gaudium*[123], dans son discours avec le clergé du diocèse de Rome[124], dans sa lettre aux prêtres à l'occasion des 160 ans de la mort de saint Jean-Marie Vianney[125], dans ses homélies et dans ces autres interventions, il lie la mémoire à la foi, à l'histoire, à la culture, à l'espérance et au peuple.

En effet, pour François, la mémoire situe la foi à l'intérieur d'une histoire ; une histoire qui a pour initiative Dieu. Par amour, Dieu a appelé ceux qu'il veut. En parlant de la foi d'Abraham, François lie la mémoire à l'histoire, à la foi et à l'Espérance. En écoutant la Parole de Dieu, comme un appel de quitter son pays, sa terre et de se confier à la promesse de Dieu (cf. Gn 12,1-9 ; Ac 7,2-3 ; Hb 11, 8-19), Abraham demeure le modèle de la foi comme mémoire.

La foi d'Abraham est transmise au peuple d'Israël, un peuple qui, depuis Abraham, marche dans la foi vers son accomplissement. C'est la mémoire qui le guide le long de leur route et qui leur donne la force de la continuer jusqu'au bout. Il s'agit de la foi comme mémoire, marquée par la conscience historique et qui ouvre vers l'avenir. C'est la mémoire de l'avenir qui ressort de la pensée de François. Il le souligne avec des termes très clairs en ce sens :

---

[121] Né le 17 décembre 1936 à Buenos Aires, en Argentine, Jorge Mario Borgoglio est jésuite, élu Pape le 13 mars 2013 et a pris le nom de François. Il est le 266ème Pape, successeur de Pierre et Évêque de Rome.

[122] Cf. FRANÇOIS, *Lumen Fidei.*

[123] Cf. FRANÇOIS, *Evangelii Gaudium.*

[124] FRANÇOIS, *Rencontre avec le clergé du diocèse de Rome,* 2 mars 2017.

[125] Cf. FRANÇOIS, *Lettre du pape François aux prêtres à l'occasion des 160 ans de la mort de saint Jean-Marie Vianney, le Curé d'Ars,* 4 août 2019.

Il est vrai qu'en tant que réponse à une Parole qui précède, la foi d'Abraham sera toujours un acte de mémoire. Toutefois cette mémoire ne fixe pas dans le passé, mais, étant mémoire d'une promesse, elle devient capable d'ouvrir vers l'avenir, d'éclairer les pas au long de la route. On voit ainsi comment la foi, en tant que mémoire de l'avenir, *memoria futuri,* est étroitement liée à l'espérance[126].

Dans cette optique, la foi se comprend comme une rencontre personnelle avec Dieu dans un moment donné de l'histoire, c'est un acte donné une fois pour toutes, mais qui guide le pas de toute la vie. En ce sens, la foi chrétienne est la mémoire de la parole prononcée en Jésus-Christ par sa vie, ses œuvres, sa mort et sa résurrection. Grâce à elle, la vie des chrétiens a une lumière nouvelle et entrevoit la possibilité d'une histoire nouvelle d'amour. Elle est vécue dans le présent, liée au premier pas de Dieu vers l'homme dans le passé et dans le futur[127]. En faire mémoire, elle devient la force de l'espérance.

---

[126] FRANÇOIS, *Lumen Fidei,* 9.

[127] La question théologique du futur a été bien traitée par Rahner. Il parle d'abord du futur de Dieu, ensuite du caractère inconnu et ouvert du futur intramondain de l'homme et du monde, et enfin de la responsabilité de l'Église face au futur. En effet, le futur de Dieu est absolu et inconnu. Il est Dieu lui-même en tant qu'auto-communication absolue qu'il fait de lui-même. C'est un futur mystérieux toujours inconnu jusqu'à ce qu'il ne se révèle parce que le futur de Dieu constitue la détermination du monde dans sa totalité, la détermination qui embrase toute la réalité et donne un accomplissement à toute chose. C'est donc un futur transcendant. Il ne peut être planifié ou fait par l'homme, du fait que, étant l'accomplissement totale de la réalité entière, il ne peut pas, *per definitionem,* être accompli par un moment particulier de cette réalité. Pour cette raison, le christianisme met sa foi en Dieu qui fait de la réalité tout entière sa propre création et sa propre histoire, dans une auto-communication dont lui seul détient la clé de la destinée finale. Cette dernière est le mystère d'amour et de ce fait, la vie de l'homme et du monde est provisoire, comme l'est aussi pour la vie et l'existence présente de l'Eglise elle-même. Pour rendre permanent l'accueil de la

Le règne de l'espérance chrétienne se présente alors comme un horizon ouvert au futur. Pour cela, la foi s'alimente et se nourrit de la mémoire. Elle fait appel à la mémoire de l'alliance que le Seigneur avait conclue indiquant qu'il est le Dieu de nos pères et de nos grands-parents. Il n'est pas le Dieu du dernier moment, un Dieu sans histoire de famille, un Dieu qui, pour répondre à tous les nouveaux paradigmes, devrait écarter les précédents comme s'ils étaient vieux et ridicules. L'histoire familiale n'est 'jamais démodée'. Les vêtements et les chapeaux de nos grands-parents pourront sembler vieux, les photos seront de couleur sépia, mais l'affection et l'audace de nos pères, qui se sont prodigués pour que nous puissions être ici et avoir ce que nous avons, sont une flamme allumée dans tous les cœurs nobles[128].

---

vraie béatitude du futur absolu de Dieu, l'ouverture à l'auto-communication de Dieu est fondamentale. Ensuite, Rahner souligne le caractère inconnu et ouvert du futur intramondain de l'homme et du monde. Le futur intramondain de l'homme est contenu dans le futur absolu de Dieu qui englobe en lui toute la réalité. C'est dans ce sens, en planifiant ses projets sur sa vie elle-même, de la société et du monde, tout en ne détenant pas tous les paramètres de son futur, l'homme est responsable devant l'histoire et devant Dieu dans son ouverture à la double relation de son futur intramondain et du futur absolu en Dieu parce que ces deux relations se conditionnent réciproquement de sorte que la relation à l'absolu futur qui est Dieu ne diminue ou ne supprime pas, mais radicalise sa responsabilité pour un futur intramondain, puisque l'homme peut porter à l'accomplissement cette disponibilité pour l'ouverture au futur absolu, de manière existentiellement authentique, en un rapport à la fois critique et positif, de responsabilité et d'action pour un futur intramondain toujours nouveau. Enfin, pour Rahner, l'Église et la théologie ont la mission d'être servantes de l'ignorance savante du futur (*docta ignorantia futuri*), c'est-à-dire, servantes de l'espérance chrétienne. Cette mission est accomplie surtout dans la sauvegarde de l'ouverture de l'homme dans la double relation de son futur intramondain et du futur absolu en Dieu. Cf. K. RAHNER, « La questione sul futuro », 179-205.

[128] Cf. FRANÇOIS, *Rencontre avec le clergé du diocèse de Rome,* 2 mars 2017 ;

Abondant dans le même sens, François affirme que « le croyant est fondamentalement 'quelqu'un qui fait mémoire »[129]. Il est invité d'abord, à faire mémoire dans l'Eucharistie, de la passion, de la mort et de la résurrection du Christ ; ensuite, des anciens comme l'affirme l'auteur de l'épitre aux Hébreux : « Souvenez-vous de vos chefs, eux qui vous ont fait entendre la parole de Dieu, et, considérant l'issue de leur carrière, imitez leur foi » (He 13,7) ; Saint Paul le notifie à Timothée : « J'évoque le souvenir de la foi sans détour qui est en toi, foi qui, d'abord, résida dans le cœur de ta grand-mère Loïs et de ta mère Eunice et qui, j'en suis convaincu, réside également en toi » (2 Tm 1,5). Avec Jésus, la mémoire chrétienne est constituée d'une véritable 'multitude de témoins'(He 12,1). Enfin, guidé par la mémoire, fort de ce qu'il a comme mémoire, le chrétien est un homme d'espérance, invité à continuer sa route dans la joie jusqu'à la rencontre de Celui qui l'a aimé le premier. Sur ce, la force des apôtres reposait sur leur mémoire du jour où Jésus toucha leur cœur : « C'était environ la dixième heure » (Jn 1,39).

Ces éléments ci-haut traduisent la force de la mémoire conduisant à l'endurance et à la persévérance suite à la fidélité de Dieu. De la sorte, pour François, « la mémoire est une dimension de notre foi que nous pourrions appeler 'deutéronomique', par analogie avec la mémoire d'Israël »[130]. La foi est alors un voyage qui a un début et une arrivée, c'est un voyage à travers l'histoire, un voyage en collaboration avec Dieu et les hommes et les femmes qui l'ont accueilli bien avant nous. Le point de départ du voyage pour

[129] FRANÇOIS, *Evangelii Gaudium,* 13.
[130] FRANÇOIS, *Evangelii Gaudium,* 13.

le judéo-christianisme est le Dieu qui s'est adressé à Abraham[131], qui a fait alliance avec le peuple par Moïse, rappelée par les prophètes. Le voyage avec Dieu n'est pas fini dans le désert, mais il a conduit le peuple dans la Terre promise. De ce fait, la foi « ne se présente pas seulement comme un chemin, mais aussi comme l'édification, la préparation d'un lieu dans lequel les hommes peuvent habiter ensemble »[132].

Dans sa dimension publique, la mémoire contribue à la création de la culture d'une cité stable, une société ouverte à l'autre fondée sur l'amour qui « révèle combien les liens entre les hommes peuvent être forts, quand Dieu se rend présent au milieu d'eux. Il ne s'agit pas seulement d'une fermeté intérieure, d'une conviction stable du croyant, la foi éclaire aussi les relations entre les hommes, parce qu'elle naît de l'amour et suit la dynamique de l'amour de Dieu. Le Dieu digne de confiance donne aux hommes une cité fiable »[133].

Ainsi, François établit un rapport entre la culture de la cité et la mémoire. L'image de la cité, en rapport avec la mémoire, exprime le long parcours de la construction de la cité humaine, commencée bien avant et met l'homme en face des gens qui ont donné la vie pour le bien communautaire. En faire mémoire est un devoir de culture, un devoir

---

[131] Le premier constructeur est Noé qui, dans l'arche, réussit à sauver sa famille (cf. He 11,7) ; vient ensuite Abraham, dont il est dit que, par la foi, il habitait une tente, attendant la ville aux solides fondations (cf. He 11,9-10). De là surgit une nouvelle confiance, une nouvelle assurance que seul Dieu peut donner. Si l'homme de foi s'appuie sur le Dieu de l'Amen, sur le Dieu fidèle (cf. Is 65,16), et devient ainsi lui-même assuré, nous pouvons ajouter que cette fermeté de la foi fait référence aussi à la cité que Dieu prépare pour l'homme. Cf. FRANÇOIS, *Lumen Fidei,* 50.

[132] FRANÇOIS, *Lumen Fidei,* 50.

[133] FRANÇOIS, *Lumen Fidei,* 50.

de reconnaissance de l'héritage reçu des générations précédentes et une exhortation de pouvoir continuer la construction de la société afin de laisser les traces aux générations à venir.

Actuellement, malheureusement, la culture qui veut s'imposer de toute sa force s'appuie sur certaines idées telles que l'économie d'exclusion[134], l'idolâtrie de l'argent[135], l'argent qui gouverne au lieu de servir[136], la disparité sociale qui engendre la violence[137], etc. Ces idées risqueraient de se transformer en elles-mêmes en marginalisation politique, sociale, religieuse et économique. Pour François, il faut « une responsabilité grave, puisque certaines réalités du temps présent, si elles ne trouvent pas de bonnes solutions, peuvent déclencher des processus de déshumanisation »[138]. Cette responsabilité grave proviendra d'une culture qui prend en compte la mémoire.

La culture qui provient de la 'foi comme mémoire' fonde la communauté chrétienne sur l'amour qui va au-delà du mur de l'Église, en ne la rendant pas close sur elle-même, mais en l'ouvrant aux périphéries existentielles. D'où, l'option du Pape François pour « l'Église 'en sortie' »[139], est celle de l'Église dont les portes sont ouvertes, de l'Église qui s'ouvre aux autres pour aller aux périphéries humaines, de l'Église qui met tout de côté pour regarder dans les yeux et écouter. Il l'exprime en ces mots :

> Sortir vers les autres pour aller aux périphéries humaines ne veut pas dire courir vers le monde sans direction et dans n'importe quel sens. Souvent il vaut mieux ralentir le pas, mettre de côté l'appréhension pour regarder dans les yeux et écouter, ou renoncer aux urgences pour accompagner celui qui est

---

[134] Cf. FRANÇOIS, *Evangelii Gaudium,* 53-54.
[135] Cf. FRANÇOIS, *Evangelii Gaudium,* 55-56.
[136] Cf. FRANÇOIS, *Evangelii Gaudium,* 57-58.
[137] Cf. FRANÇOIS, *Evangelii Gaudium,* 59-60.
[138] FRANÇOIS, *Evangelii Gaudium,* 51.
[139] FRANÇOIS, *Evangelii Gaudium,* 46.

> resté sur le bord de la route. Parfois c'est être comme le père du fils prodigue, qui laisse les portes ouvertes pour qu'il puisse entrer sans difficulté quand il reviendra[140].

La culture de la mémoire conduit ainsi à la nouvelle société, à la nouvelle Jérusalem qui a son fondement dans l'amour qui se donne jusqu'au bout en rendant compte de l'amour de Dieu dans le monde et de la dignité authentique de chaque être humain. Elle vise une société où tous les hommes puissent vivre en paix et en sécurité, en conformité avec la loi et le gouvernement qui garantissent le bien commun, « le développement authentique »[141].

Avec la mémoire, le peuple est conçu comme « sujet collectif de l'histoire et de la culture »[142]. C'est-à-dire, le peuple qui a un destin commun est appelé à développer une conscience nationale, un style de vie commun capable de reproduire son influence au niveau social dans le monde. C'est un appel au sentiment plus profond de l'unité nationale et religieuse pour être plus efficace dans le développement du monde et de lutter ensemble contre les puissances qui menacent la vie.

Le peuple comme sujet collectif de l'histoire conduit la société à tendre vers l'horizon de la justice sociale et de la libération nationale, car tout le monde est protagoniste de lutte et tout sera ainsi décidé dans des conseils avec comme objectif la valorisation de la justice sociale. Cela est possible parce que le peuple a une conscience sociale, il n'est pas une masse qui n'a pas d'âme. Bien que le peuple soit une masse, il a acquis une conscience sociale, il a une âme, c'est la raison pour laquelle il sent et pense. Autrement dit, le peuple a une personnalité et une organisation sociale[143].

---

[140] FRANÇOIS, *Evangelii Gaudium,* 46.
[141] FRANÇOIS, *Laudato si',* 231.
[142] J.C. SCANNONE, *La théologie du peuple,* 124.
[143] Cf. J.C. SCANNONE, *La théologie du peuple,* 126-128.

Dans l'ensemble, chez François, la mémoire est ce qui rend un peuple fort parce qu'il se sent enraciné dans un chemin, dans une histoire, dans un peuple[144] qui est le sujet collectif d'une mémoire partagée, d'une conscience nationale, d'un projet historique. Elle fait comprendre à l'homme qu'il n'est pas seul. Il fait partie d'un peuple, un peuple qui a une histoire propre, un passé et une vie. La mémoire conduit donc aux racines, donne la force de continuer sa route et contribue à l'implantation d'une culture ouverte à l'autre.

En somme, ce point, consacré au magistère comme organe de rappel de la mémoire, a montré la place importante que le magistère joue dans l'Église et dans le monde au sujet de l'interprétation authentique de l'Écriture et de la Tradition. Cet organe rappelle la mémoire chrétienne, consignée dans l'Écriture et transmise par la Tradition tenant compte des circonstances historiques du monde. Dans son magistère, Benoît XVI montre que la rencontre personnelle avec le Christ est la raison d'être de la foi chrétienne. Pour François, la mémoire est liée à la foi, à la culture, à un peuple et à l'espérance. Elle rassure à l'homme qu'il fait partie d'un Dieu qui l'a aimé le premier et d'un peuple.

Pour tous ces deux papes, la mémoire joue un rôle capital pour la construction d'une société digne dont le monde a besoin, une société fondée sur l'amour reçu de Dieu. Un autre lieu dans lequel se vit la mémoire chrétienne est la liturgie.

4. La liturgie comme célébration de la mémoire

La réalité vivante et riche que l'Église vit chaque jour est la liturgie. De son étymologie grecque, *leitourgia*, œuvre publique, le concile Vatican II la comprend comme « le

---

[144] Cf. FRANÇOIS, *Homélie de la messe de commémoration des fidèles défunts,* 2 Novembre 2018 ; J.C. SCANNONE, *La théologie du peuple,* 124.

sommet auquel tend l'action de l'Église, et en même temps la source d'où découle toute sa vertu » (SC 10).

La liturgie qui est la célébration de la mémoire des œuvres salvifiques accomplies par Dieu pour l'homme est une invitation à l'homme de prendre en charge les faibles de la société. Elle exprime, de manière positive, intérieure et totale la foi de l'Église mettant en œuvre tout le mystère chrétien. Elle se présente comme un milieu éducatif du sens de Dieu, du sens de l'homme, du sens plus profond et plus total du rapport religieux en Jésus-Christ, le nucléo de la Révélation. Elle a été initiée dès le peuple d'Israël et se trouve au cœur du peuple chrétien.

Malgré son moment de diaspora, le peuple d'Israël était attaché et s'attache toujours à la liturgie comme quelque chose qui définit son identité en tant que peuple consacré à Dieu. Dans cet ordre d'idée, les premières communautés chrétiennes se retrouvaient pour la fraction du pain (cf. Ac 2,42) et bien d'autres actes. Guidé par sa mémoire, le christianisme continue jusqu'en ce jour à célébrer l'Eucharistie comme action de grâce, acte de louange à la souveraine majesté de Dieu.

C'est de cela qu'il s'agit tout au long de cette section. Trois points seront développés : d'abord, il sera question de la mémoire constitutive de la liturgie juive ; ensuite de la célébration eucharistique comme actualisation de la mémoire chrétienne ; et enfin du dimanche comme le jour par excellence de la mémoire.

4.1. La liturgie juive : mémoire de Dieu et du prochain

Dans la liturgie juive, d'un côté, Dieu lui-même est le sujet de la mémoire. Quelques Psaumes en font mention : « Qu'est donc le mortel, que tu t'en souviennes » (Ps 8,5) ; « Souviens-toi de moi, Yahvé, par amour de ton peuple » (Ps 106,4) ; « Il se souvient de son alliance pour toujours » (Ps 111,5). D'autre côté, le peuple d'Israël en est lui-même le sujet de la mémoire : « D'âge en âge, mémoire de toi » (Ps 102,13) ; « Rappelez-vous quelles merveilles il a faites » (Ps 105,5) ; « Nos pères en Égypte n'ont pas compris tes merveilles. Ils n'eurent pas souvenir de ton grand amour » (Ps 106,7) ; « on fera mémoire de ton immense bonté » (Ps 145,7).

De façon privilégiée, la liturgie juive invite à entrer dans la mémoire de Dieu. Et là, elle évoque la primauté de Dieu dans la mémoire de l'homme dans le moment présent. Le but est d'actualiser les merveilles accomplies par Dieu dans les passés aux pères pour affronter le présent et tendre vers l'avenir en toute assurance.

En effet, la mémoire juive est constituée de son histoire fondatrice. Dans son sens le plus fondamental, le terme 'fondatrice' ne fait pas seulement appel à une proto-histoire originelle, mais à une méta-histoire originaire. La différence est à noter entre 'originel' qui renvoie à un commencement historiquement datable, c'est-à-dire, à l'histoire du début. Néanmoins, par 'originaire', il est question d'un passé qui demeure fondateur d'identité pour chaque génération, un passé qui fonde le présent en tant que présent humain, ce qui requiert que ce passé soit arraché à sa simple historicité[145].

Pour Israël, comme déjà signalé ci-haut, l'événement originaire ou fondateur est sa sortie d'Égypte. Du point de vue liturgique, Israël évoque son identité particulière, sa mémoire, pour la faire participer à chaque génération afin qu'elle se considère comme étant elle-même sortie d'Égypte et comme entrant elle aussi dans la terre promise. Pour concrétiser ce qui vient d'être affirmé, un exemple éloquent est celui du récit de l'offrande des prémices (cf. Dt 26,1-11). Sans entrer dans le débat exégétique sur ce pas-

---

[145] Cf. L.-M., CHAUVET, « Fondements anthropologiques d'une théologie », 63.

sage, la confession de foi est à la première personne du pluriel « nous » (v.5-9). Là est exprimé l'événement fondateur d'Israël dans le présent. L'emploie de la première personne du singulier « je » désigne aussi l'ensemble d'Israël comme personne collective : « Je suis arrivé dans le pays que le Seigneur a juré à nos pères de nous donner » (v.3) ; « Et maintenant, voici que j'apporte les prémices des fruits du sol que tu m'as donné, Seigneur » (v.10).

Ainsi, la liturgie juive met à son cœur l'idée de la « performance » par le fait qu'elle réalise symboliquement chaque année l'entrée du peuple dans le pays de Canaan et sa prise de possession. Elle exprime verbalement et gestuellement au présent ce que le mémorial raconte au passé. Elle montre clairement qu'Israël n'est qu'un simple gestionnaire de la terre, Dieu seul en est le propriétaire. Certes, il y habite, il y fait pousser toutes sortes de fruits, c'est Dieu lui-même qui « fait venir (pousser) » les fruits comme il a « fait venir » Israël d'Égypte. Là s'inscrit l'idée du don de la terre. De ce fait, la liturgie invite à toujours recevoir la terre comme don, c'est-à-dire, constamment en faire mémoire. C'est cela qu'affirme Chauvet en ces termes :

> Israël ne peut l'habiter comme Israël sans la réception constamment comme don, donc sans constamment se souvenir. C'est précisément ce qui est symboliquement exprimé dans le geste rituel de dépossession où, à travers quelques fruits de sa récolte qui représentent symboliquement l'ensemble de sa terre et son travail il *rend* à Dieu cette terre qui lui appartient et qu'il lui a été donnée gratuitement : il lui rend sa grâce, il lui rend grâce[146].

De la liturgie juive se conçoit une démarche pratique, très visible à travers le devoir éthique, bien notée dans le verset 11 : « Puis tu te réjouiras de toutes les bonnes choses dont

---

[146] L.-M., CHAUVET, « Fondements anthropologiques d'une théologie », 66.

Yahvé ton Dieu t'a gratifié, toi et ta maison, toi ainsi que le lévite et l'étranger qui est chez toi » (Dt 26,11).

Dans ce sens, la célébration liturgique invite au partage avec les démunis de la société, la veuve, l'orphelin, le lévite et l'étranger ; car le rite d'offrande à Dieu ne se suffit pas à lui-même. Israël ne s'acquitte pas envers son Dieu à coup de sacrifice rituels. Tel a été le rôle des prophètes qui, de temps à temps, ont rappelé régulièrement à Israël le sacrifice qui plaît à Dieu (cf. Is 58,6-7 ; Mi 6,8 ; etc.). La dépossession rituelle par rapport à Dieu n'a de sens que si elle se vérifie dans une dépossession existentielle par rapport à eux qui sont démunis. La liturgie rituelle juive n'a de sens qu'en vue de son accomplissement en liturgie du prochain. En d'autres termes, Israël doit être éthiquement envers ceux qui ne possèdent rien comme Dieu a été envers lui quand il ne possédait rien. Le rite est l'expression symbolique d'un devoir éthique[147].

La liturgie du prochain constitue l'aspect pratique de la liturgie faite à Dieu. La réponse d'Israël à l'engagement envers Dieu débouche dans le partage avec l'autre parce que la mémoire envers Dieu célébrée par Israël se concrétise dans la responsabilité sur le plan social, politique et économique. Les réflexions de Chauvet y voient la concrétisation de l'éthique du faible :

> La liturgie est alors en 'crise', en ce sens qu'elle requiert de sortir de l''imaginaire' du Même, c'est-à-dire d'un rapport imaginaire, en 'miroir', à un Dieu qui n'est en fait que la projection du désir de l'homme et à l'égard duquel, de manière plus ou moins manipulatrice, on se tiendrait pour quitte dès lors que l'on a fait 'ce qu'il faut', au plan rituel notamment. Cette crise conduit Israël à consentir à un rapport 'symbolique' à Dieu : symbolique, au sens où la communication avec Dieu et même la communion avec lui se vit dans le respect de

[147] Cf. L.-M., CHAUVET, « Fondements anthropologiques d'une théologie », 67.

> sa radicalité altérité (« sainteté »), respect qui ne s'exprime jamais aussi bien que dans le passage par le visage d'autrui, notamment du 'pauvre' dans tous le sens du terme. Il n'y a dès lors plus d'imaginaire 'dette' à payer : la 'dette', elle est à assumer symboliquement dans le souci éthique concret du faible[148].

La liturgie juive qui est la mémoire des œuvres salvifiques accomplies par Dieu en faveur du peuple élu ne se réduit pas seulement à l'observation stricte des rites, mais aussi invite au concret dans la prise en charge des faibles de la société. Cette dimension est aussi présente dans la liturgie chrétienne dont il sera question dans le point suivant.

4.2. La liturgie eucharistique comme célébration de la mémoire de Dieu et action de grâce

La liturgie chrétienne est la célébration de la mémoire chrétienne qui repose sur l'Événement Jésus-Christ. En gardant en mémoire cet Évènement originaire, les premières communautés chrétiennes se réunissaient non seulement pour écouter la prédication des Apôtres, mais aussi pour la fraction du pain (cf. Ac 2,42-47).

De la sorte, dans la liturgie chrétienne, d'une part, la mémoire souligne les hauts faits, accomplis par Dieu pour toute l'humanité, depuis la libération des épreuves connues par Israël jusqu'en ces jours, accomplis en Jésus-Christ, par sa vie, ses souffrances, sa mort et sa résurrection. Pour cette raison, l'existence chrétienne est sous le signe de la mémoire de la Pâque du Christ : « Souviens-toi de Jésus-Christ, ressuscité d'entre les morts » (2 Tm 2,8). La mémoire est ainsi une catégorie liturgie pour penser l'Eucharistie chrétienne. A ce sujet, Chauvet insiste :

---

[148] L.-M., CHAUVET, « Fondements anthropologiques d'une théologie », 68.

> La catégorie première pour penser théologiquement le noyau de ce cœur n'est pas celle de « présence », mais bien celle de « mémoire » : « faisant ici mémoire [...] ». Mémoire du passé (ou plutôt de l'action de Dieu dans le passé) en action de grâce (« Vraiment, il est juste et bon de te rendre grâce [...] »), ayant pour objet, chacun le sait ici, ce que l'on peut appeler, pour faire bref, « l'histoire du salut » (qui inclut la création, dans la mesure où, du point de vue biblique, le Dieu créateur de Gn 1-2 est déjà le Dieu d'Israël et dans la mesure où, du point de vue chrétien (Col 1 et Jn 1), tout a été créé par le Christ et pour lui), une histoire qui trouve son accomplissement en tout cas, comme le montrent toutes les anaphores anciennes, dans la Pâque du Christ[149].

D'autre part, la liturgie eucharistique comme mémoire de Dieu devient une action de grâce que le christianisme élève vers Dieu comme mystère à croire, à célébrer dignement et à vivre[150].

Comme mystère à croire, l'Eucharistie est la réponse au commandement donné par le Christ à ses apôtres lors de son dernier repas avec eux : « Faites cela en mémoire de moi » (1 Co 11,25 ; Lc 22,19). L'Eucharistie est donc l'acte accompli par Jésus-Christ, une fois pour toute et demeure permanent dans l'histoire. Elle est une mémoire qui a été accueillie, acceptée et on y répond en la célébrant. Pour le pape François, l'Eucharistie est «la mémoire quotidienne de l'Église, qui nous introduit toujours plus dans la Pâque (cf. Lc 22,19)»[151].

La même logique se trouve exprimer dans la liturgie de la Parole de Dieu et la récitation du Credo. Le célébrant lut

---

149 L.-M., CHAUVET, « Fondements anthropologiques d'une théologie », 69.
150 Telle est la structure de l'Encyclique du Pape Benoît XVI de son encyclique sur l'Eucharistie. Cf. BENOIT XVI, *sacramentum caritatis.*
151 FRANCOIS, *Evangelii Gaudium,* 13.

l'Évangile écrit en présence de la communauté qui l'accueille dans sa forme originaire, l'accepte et y réponde avec la confession orale de foi héritée, transmise et apprise. Ces gestes sont très significatifs pour montrer que la foi avait déjà été reçu par les générations précédentes et la communauté actuelle, en acceptant l'Évangile, s'insère dans la chaine ceux qui l'ont précédée.

Comme mystère à célébrer, la liturgie eucharistique est à célébrer avec respect et dignité car « l'*ars celebrandi* doit favoriser le sens du sacré et l'utilisation des formes extérieures qui éduquent à un tel sens, comme par exemple l'harmonie du rite, des vêtements liturgiques, de l'ameublement et du lieu sacré »[152].

Comme mystère à vivre, l'Eucharistie appelle à un engagement concret dans le monde. Au-delà de piété personnelle qu'elle suscite, elle renvoie à la responsabilité concrète, à l'exemple du Christ, qui, ayant lavé les pieds de ses disciples, en disant : « c'est un exemple que je vous ai donné, pour que vous fassiez, vous aussi, comme j'ai fait pour vous » (Jn 13,15). La participation à l'Eucharistie est un engagement à vivre au service d'autrui. Voilà l'aspect pratique de la liturgie chrétienne comme mémoire.

En somme, au cœur de la liturgie eucharistique chrétienne se trouve la catégorie de la mémoire. A travers elle, les fidèles font mémoire de ce pour quoi le Christ a donné sa vie et de ce pourquoi Dieu l'a ressuscité d'entre les morts. Par rapport à cette observation, Chauvet assure : « du point de vue pastoral, il me paraît de première importance d'aider les chrétiens à comprendre leur présence à l'assemblée dominicale sous le signe prioritaire d'une telle

---

[152] BENOIT XVI, *sacramentum caritatis,* 40.

mémoire. La tension est grande pour tous en effet de se replier sur la 'présence' et d'en saturer la représentation de manière quasi gnostique »[153]. Il ajoute encore que :

> Cela m'a conduit, à plusieurs reprises, à leur dire quelque chose comme : 'Nous ne pouvons laisser se perdre cette mémoire. Nous avons à la tenir comme un phare au milieu de la foule humaine. La tenir vivante, la tenir en éveil, comme nous le chantons parfois, cela nous compromet nécessairement dans les divers domaines de notre existence concrète, puisque cela nous entraîne à vivre, spirituellement et matériellement, et à agir comme Lui-même a vécu et agi[154].

Considérant la liturgie comme mémoire, dans la situation actuelle de postmodernité[155], Kasper appelle les chrétiens à apprendre du peuple hébreu qui, pendant tant des siècles en diaspora, a su garder sa propre identité par son observance de ses actes fondateurs : le sabbat et la pâque. Ainsi, ce peuple appelle à tenir vivante la mémoire des œuvres salvifiques de Dieu pour mieux conserver la liberté et l'identité chrétienne[156]. De là, l'importance accordée au dimanche dans le christianisme trouve sa raison d'être.

---

[153] L.-M., CHAUVET, « Fondements anthropologiques d'une théologie », 69.

[154] L.-M., CHAUVET, « Fondements anthropologiques d'une théologie », 70.

[155] La postmodernité, dont il est question, est la prise de conscience du pluralisme croissant des traditions de pensée, de langage et d'histoire. Elle nie tout absolu, le considérant comme idéologie. Elle refuse des récits à prétention universelle parce qu'ils servent à légitimer la position du narrateur. Cf. C. KALONJI NKOKESHA, « La théologie dans la postmodernité », 146.

[156] «Forse, in questa situazione, potremmo imparare qualcosa dal popolo ebraico. Esso ha vissuto e vive da secoli nella diaspora; ha potuto sopravvivere e conservare la propria identità in questa situazione di dispersione soltanto perché non ha cessato di celebrare il sabato e la pasqua. Allo stesso modo, anche noi cristiani, nella situazione di diaspora nella quale sempre più frequentemente ci troviamo a vivere, dobbiamo

4.3. Le dimanche, le jour par excellence de la mémoire

Depuis le temps apostolique, le dimanche se célèbre la mémoire par excellence, le mystère pascal qui remonte au jour même de la résurrection du Christ, la donnée première et fondamentale de la foi chrétienne (cf. 1Co 15,14).

Le dimanche constitue ainsi le premier jour de la semaine, le huitième jour et la Pâques de la semaine. D'abord, comme premier jour de la semaine, en référence avec la résurrection du Christ, le dimanche invite à la joie, reprise par la liturgie de Pâques, marquée par la stupeur dont furent saisies les femmes qui avaient assisté Jésus à la crucifixion, quand, étant allées au tombeau « de grand matin, le premier jour après le sabbat » (Mc 16,2), elles le trouvèrent vide. C'est aussi une invitation à revivre, en quelque sorte, l'expérience des deux disciples d'Emmaüs qui sentirent « leur cœur tout brûlant au-dedans d'eux-mêmes », tandis que le Ressuscité les accompagnait sur le chemin, en leur expliquant les Écritures et en se révélant à la « fraction du pain » (cf. Lc24,32.35). C'est aussi une invitation à la joie qu'éprouvèrent les Apôtres au soir de ce même jour, lorsqu'ils eurent la visite de Jésus ressuscité et qu'ils reçurent le don de la paix et de son Esprit (cf. Jn 20,19-23)[157].

Ensuite, le dimanche est dit « huitième jour », en référence au « jour du Seigneur »[158] qui, par rapport à la succession septénaire des jours, dans une position unique et transcendante, évoque non seulement le commencement du temps, mais encore son terme dans le siècle avenir. Il projette vers le but qui est la vie éternelle[159]. Le jour où l'on

---

tenere viva con la liturgia la memoria delle opere salvifiche di Dio al fine di sopravvivere e di conservare la nostra indipendenza, la nostra libertà e la nostra identità». W. KASPER, *La liturgia della Chiesa,* 32

157 JEAN-PAUL II, *Dies Domini,* 21.

158 VATICAN II, *Sacrosanctum Concilium,* 106.

159 JEAN-PAUL II, *Dies Domini,* 26.

évoque le premier jour du monde dans l'adoration et la renaissance est en même temps, dans l'espérance qui fait agir, la préfiguration du 'dernier Seigneur' où le Christ viendra dans la gloire (cf. Ac 1,11 ; 1Th 4,13-17) et que verra la réalisation de 'l'univers nouveau' (cf. Ap 21,5)[160].

Enfin, le dimanche est dit « la Pâques de la semaine » parce qu'en ce jour se célèbre la victoire du Christ sur le péché et sur la mort, l'accomplissement de la première création en sa personne et le début de la création nouvelle (cf. 2Co 5,17).

Abondant dans le même sens, partant du bienfondé du dimanche dans le christianisme, le concile Vatican II retient le dimanche comme le jour de fête primordial à inculquer aux fidèles. Il le dit en ces termes :

> Aussi, le jour dominical est-il le jour de fête primordial qu'il faut proposer et inculquer à la piété des fidèles, de sorte qu'il devienne aussi jour de joie et de cessation du travail. Les autres célébrations, à moins qu'elles ne soient véritablement de la plus haute importance, ne doivent pas l'emporter sur lui, car il est le fondement et le noyau de toute l'année liturgique[161].

Le dimanche est donc le jour où « les fidèles doivent se rassembler pour que, entendant la Parole de Dieu et participant à l'Eucharistie, ils se souviennent de la passion, de la résurrection et de la gloire du Seigneur Jésus, et rendent grâces à Dieu qui les 'a régénérés pour une vivante espérance par la résurrection de Jésus-Christ d'entre les morts'(1P1,3) »[162].

De la sorte, le commandement de Dieu invitant à l'observance du sabbat dans le livre de l'Exode : « Tu te souviendras du jour du sabbat pour le sanctifier » (Ex 20,8), le motif

---

[160] Cf. JEAN-PAUL II, *Dies Domini,* 2.
[161] VATICAN II, *Sacrosanctum Concilium,* 106.
[162] VATICAN II, *Sacrosanctum Concilium,* 106.

est bien claire, le Seigneur invite à faire mémoire de l'œuvre grande et fondamentale de la création, « car en six jours le Seigneur a fait le ciel, la terre, la mer et tout ce qu'ils contiennent, mais il s'est reposé le septième jour ; c'est pourquoi le Seigneur a béni le jour du sabbat et l'a consacré » (Ex 20,11). Cette mémoire vivifie toute la vie religieuse de l'homme pour déboucher sur le jour où l'homme est appelé à se reposer[163] le jour béni et sanctifié par le Seigneur lui-même. C'est un jour séparé des autres jours pour être, entre tous, le « jour du Seigneur »[164]. Dieu, étant le Seigneur de tous les jours de l'homme, tout doit être ramené à lui, car chaque réalité, sans exception, le temps et l'espace lui appartiennent.

De ce fait, le repos et le travail de Dieu sont un exemple pour l'homme (cf. Gn 2,2). Cependant, le repos de Dieu n'est pas l'inaction de Dieu, car de par sa nature, l'acte créateur qui fonde le monde est permanent. Dieu ne cesse jamais d'être à l'œuvre, de même son fils Jésus-Christ (cf. Jn 5,17). Il s'agit non seulement de la plénitude de la réalisation accomplie, mais aussi de la pause faite par Dieu devant l'œuvre « très bonne » (Gn1,31).

Dans le plan de Dieu, le repos revêt une valeur sacrée invitant l'homme à se reposer non seulement comme Dieu l'a fait, mais à se reposer dans le Seigneur, en lui remettant toute la création, par la louange, l'action de grâce, l'intimité filiale et l'amitié sponsale. Bien que toute la vie de l'homme ainsi que tout son temps doivent être une louange et une action de grâce envers son Dieu, le jour du Seigneur est le jour par excellence où l'homme élève à Dieu son chant en se faisant la voix de toute la création. C'est dans ce sens que le sabbat rappelle à l'homme que « le cosmos et l'histoire appartiennent à Dieu, et que l'homme ne peut se consacrer

---

[163] Cf. JEAN-PAUL II, *Dies Domini,* 16.
[164] JEAN-PAUL II, *Dies Domini,* 14.

à son œuvre de collaborateur du Créateur dans le monde sans prendre constamment conscience de cette vérité »[165].

Par ailleurs, dans le livre du Deutéronome, la mémoire, en rapport avec le sabbat, trouve son fondement non pas dans l'œuvre de la création, mais dans celle de la libération opérée par Dieu en Égypte. Le Seigneur dit : « Tu te souviendras que tu as été en servitude au pays d'Égypte et que le Seigneur ton Dieu t'en a fait sortir d'une main forte et d'un bras étendu ; c'est pourquoi le Seigneur ton Dieu t'a commandé de garder le jour du sabbat » (Dt 5,15). Ici, le motif d'être du sabbat est la mémoire de la libération de l'esclavagisme en Égypte.

Néanmoins, les deux motifs au sujet de l'observance du sabbat dans le livre de l'Exode et du Deutéronome ne sont pas contradictoires, mais plutôt complémentaires. Ils mettent en évidence le vrai sens du « jour du Seigneur » dans une perspective unitaire de théologie de la création et du salut. Le contenu du précepte n'est donc pas d'abord une simple interruption du travail, mais la célébration des merveilles opérées par Dieu. Ainsi, dans la mesure où cette mémoire, pleine de reconnaissance et de louange pour Dieu, est vive, le repos de l'homme, le jour du Seigneur, prend sa pleine signification, car avec Dieu, l'homme entre dans la dimension du 'repos' de Dieu et il y participe profondément, en devenant capable d'éprouver un frémissement de la joie que le Créateur lui-même éprouva après la création en voyant que tout ce qu'il avait fait « était très bon » (Gn 1,31)[166].

Le régime chrétien note le passage du sabbat, du septième jour, au dimanche, le premier jour après le sabbat. C'est juste pour souligner que le mystère pascal du Christ constitue la pleine révélation du mystère des origines, le sommet de l'histoire du salut et l'anticipation de l'accomplissement

---

[165] JEAN-PAUL II, *Dies Domini,* 15.
[166] Cf. JEAN-PAUL II, *Dies Domini,* 17.

eschatologique du monde. C'est la mémoire des œuvres salvifiques de Dieu accomplies en Jésus-Christ. En ce premier jour de la semaine, le christianisme y perçoit l'originalité du temps nouveau et définitif inauguré par le Christ, parce que c'est en ce jour qu'a eu lieu sa résurrection qui est le commencement même d'une nouvelle création. Le Christ lui-même en est les prémices, étant lui-même le « Premier-né de toute créature » (Col 1,15) et « Premier-né d'entre les morts » (Col 1,18). Jean-Paul II renchérit en ces termes :

> Ce qui a été opéré dans la création et ce qu'il a fait pour son peuple dans l'Exode a trouvé son accomplissement dans la mort et la résurrection du Christ, même si son expression définitive n'aura lieu que dans la parousie par la venue du Christ en gloire. En lui se réalise pleinement le sens 'spirituel' du sabbat, ainsi que le souligne saint Grégoire le Grand : «Nous considérons que la personne de notre Rédempteur, notre Seigneur Jésus Christ, est le vrai sabbat». C'est pourquoi la joie avec laquelle Dieu contemple, au premier sabbat de l'humanité, la création tirée du néant est désormais exprimée par la joie avec laquelle le Christ est apparu aux siens le dimanche de Pâques, apportant le don de la paix et de l'Esprit (cf. Jn 20,19-23)[167].

De là résulte que le dimanche est le jour, plus qu'en tout autre, à travers lequel le christianisme fait mémoire du salut offert au chrétien le jour de son baptême et qui fait de lui un homme nouveau dans le Christ (cf. Rm 6,4-6 ; Col 2,12).

Somme toute, la section théologique basée sur la mémoire comme catégorie fondamentale théologique a présenté la mémoire comme ce qui est arrivé une fois pour toutes pour être une présence permanente dans l'histoire du salut par Jésus-Christ, avec lui et en lui (cf. Rm 6,10 ; He 10,10 ; Jd 3). Cette mémoire rappelle non seulement le passé dans le présent, mais aussi actualise ce qui s'est fait

[167] JEAN-PAUL II, *Dies Domini,* 18.

une fois pour toutes. C'est, en d'autres termes, la dimension eschatologique de la mémoire. Ayant cette mémoire comme origine, il se créé une relation importante et complémentaire entre la Révélation, la Tradition et l'Écriture. Pour cette raison, les moments clés de la rencontre de Dieu avec l'homme ont été relevé : l'alliance, la Pâque, la mort et la Résurrection du Christ, la Pâques, etc.

Avec la mémoire comme catégorie théologique, le rapport entre Dieu et l'homme est lié forcément à l'histoire du Peuple élu et de l'Événement Jésus-Christ. Cette mémoire est portée par l'Écriture et la Tradition, célébrée dans la liturgie, et elle est rappelée par le magistère de génération en génération.

Le point suivant cherchera à comprendre ce que pense saint Augustin de la mémoire vue qu'il s'était inspiré de la philosophie platonicienne.

5. La mémoire comme catégorie herméneutique dans la réflexion théologique de saint Augustin

Dans les *Confessions* de saint Augustin[168], la mémoire constitue une catégorie herméneutique pour comprendre sa propre vie sous le regard de Dieu[169]. De ce fait, la mémoire est un reflet de l'éternité et de la présence de soi-même ; elle est une grande énergie qu'a l'homme et par laquelle il peut monter vers Dieu et se souder en lui. D'une part, il y voit l'image de Dieu, parce que la mémoire sert à donner l'explication de son histoire à la lumière de Dieu ; elle est un palais, une anticipation de l'éternité. Augustin l'appelle «*memoria Dei*»[170], par le fait que, à travers la mémoire, l'âme se souvient de son créateur, le comprend et l'aime :

---

[168] Saint Augustin (354-430 av. J.C.) est un philosophe et théologien chrétien, évêque d'Hippone.

[169] Cf. AUGUSTIN, *Les Confessions,* X, 6-27.

[170] AUGUSTIN, *La Trinité,* XIV, 13.

> Je dépasserai donc encore cette force de ma nature, m'élevant par degrés jusqu'à celui qui m'a fait. Et j'arrive aux grands espaces et aux vastes palais de la mémoire, où se trouvent les trésors des innombrables images apportées par la perception de toutes sortes d'objets. Là est emmagasiné tout ce que construit aussi notre esprit, soit en agrandissant, soit en diminuant, soit en modifiant de quelque façon les objets atteints par le sens, et toute autre image déposée là et mise en réserve, qui n'est pas encore engloutie et ensevelie dans l'oubli[171].

Partant de ce passage, saint Augustin donne la dignité à la mémoire du fait qu'elle renvoie au Christ qui témoigne la présence de Dieu dans le temps de l'homme. Le Dieu dont il parle est celui qui se rencontre corporellement proche de l'homme, un Dieu qui touche l'homme dans la chair en la dépensant.

Sa recherche de Dieu dans la mémoire recourt à l'expérience de l'oubli, à une donnée affective. C'est ainsi qu'il tient que l'homme cherche Dieu de la même manière qu'il cherche une joie inoubliable, une félicité qui était et qui n'est plus. Néanmoins, la *memoria Dei* est inscrite au fond du cœur de l'homme. Il est possible d'oublier Dieu, mais pas possible d'oublier son oubli. Sur ce, ce qui guide sa pensée est la connaissance de Dieu en qui l'amour se trouve à la base de l'identité humaine. Cette mémoire est différente de celle affective, par le fait qu'elle renvoie aux faits éternels, elle est à mesure d'orienter la recherche de Dieu. Tel est le Dieu dont il fait l'expérience à travers son œuvre les *Confessions.*

A travers le *De Trinitate,* saint Augustin structure la sainte Trinité de la manière suivante : Le Père comme Mé-

---

[171] AUGUSTIN, *Les Confessions,* X, 8,13.

moire, le Fils comme Intellect et l'Esprit Saint comme Volonté[172]. Par ailleurs, il fait du thème de la *memoria* le centre de l'image de Dieu dans l'homme. Et là, il met en relation une triple puissance qui se trouvent dans l'homme : la mémoire, l'intelligence et la volonté. La mémoire n'est pas liée aux sens que possèdent l'homme, elle est capable par elle-même de réfléchir sur Dieu, de faire mémoire de lui parce qu'il est image de Dieu son Créateur[173]. Par la mémoire de Dieu, la présence de Dieu se trouve dans l'homme et le rend capable de s'ouvrir à Dieu, son Origine, par conséquent il est inoubliable.

D'autre part, grâce à Dieu, l'Origine de l'homme, l'inoubliable, la mémoire sert de présence de l'homme à lui-même comme conscience de soi dans le moment présent, non pas seulement passé. Elle est appelée par Augustin la «*memoria sui*»[174] par le fait que, à travers la mémoire, l'homme se souvient de lui-même, se comprend et s'aime. Pour lui, l'homme est plus grand de lui-même, c'est grâce à la mémoire qu'il entre en lui-même.

C'est dans cette optique, qu'il établit un lien entre mémoire et présence. Il le fait en répondant à la question : « Y a-t-il aussi mémoire des choses présentes ? »[175]. Il y répond : « quand il s'agit de cette présence de l'âme à elle-même, on peut sans absurdité appeler mémoire la faculté qui permet à l'âme d'être présente à elle-même »[176]. La mémoire comme présence se manifeste, par exemple, lorsqu'une personne se prépare pour la confession. C'est lorsqu'il prend la décision de faire pénitence et de se rependre, c'est à ce moment-là que le péché vient devant lui :

---

[172] L'objectif ici n'est pas d'approfondir la sainte Trinité chez saint Augustin mais de souligner l'usage du concept «Mémoire» dans son vocabulaire. Cf. AUGUSTIN, *La Trinité,* X-XI.

[173] Cf. AUGUSTIN, *La Trinité,* XIV, 12, 15.

[174] AUGUSTIN, *La Trinité,* XIV, 13.

[175] AUGUSTIN, *La Trinité,* XIV, 11.

[176] AUGUSTIN, *La Trinité,* XIV, 11.

« Car mon péché, moi, je le connais, ma faute est devant moi sans relâche » (Ps 51,5).

Avec Augustin, la mémoire est d'une part, *memoria Dei,* qui se souvient de Dieu comme Origine primordiale, du Dieu inoubliable, et d'autre part, *memoria sui,* par le fait qu'elle met l'homme en face de lui-même, elle rend l'homme présent à lui-même. En conséquence, l'homme ne devient vraiment lui-même et ne communie à sa propre durée que par sa mémoire[177]. Cependant, l'homme dispersé, aliéné est celui qui est incapable de joindre ensemble les moments de sa propre existence.

Metz a dû retrouver dans cette manière augustinienne qui est en même temps platonicienne de la *memoria* deux manquements. Le premier est que la *memoria* renvoie l'homme dans l'au-delà et ne touche en rien la situation historique de l'homme dans le monde. Or, le lieu concret de la rencontre de l'homme avec Dieu de Jésus-Christ est l'histoire. D'où la nécessité de relire l'histoire dans laquelle Dieu se révèle et est annoncé, car « la base mémorielle de la raison qui appréhende le monde ne fait pas que ce qui a disparu a perdu toute présence dans la vie présente »[178]. Une *memoria* qui ne se contente de la contemplation risque de transformer l'homme en spectateur du monde en gardant silence sur les situations dangereuses dans le monde, car ce qui compte serait d'être en présence de Dieu. Faire mémoire de cette indifférence est fondamentale pour démonter ce qui arrive quand les hommes et les communautés restent en silence devant le mal[179]. Le deuxième manquement est celui que la *memoria sui* suscite de penser le salut exclusivement comme « 'rédemption' de la faute et de la culpabilité. Il n'envisage ni la souffrance ni l'histoire de la souffrance qui se fait si concrète dans la vie quotidienne, celles qu'on ne

[177] Cf. B. FAIVRE, « Eucharistie et mémoire », 282.
[178] J.B. METZ, *Memoria passionis,* 17.
[179] Cf. M. UWINEZA, «Fare memoria del genocidio in Rwanda», 174.

peut absolument faire remonter au péché et à la culpabilité alors qu'elles forment pourtant la trame essentielle de la misère qui crie vers le ciel »[180].

En effet, ce n'est pas pour satisfaire la curiosité de l'homme ou accroître la somme de ses connaissances que Dieu s'est révélé, mais c'est pour le salut de l'homme et pour la gloire de Dieu. Le salut entendu comme « communion »[181] a une double dimension : verticale et horizontale. Car le salut est une communion de tous les hommes avec Dieu par le Christ, pour le Christ, dans le Christ et aussi communion de tous les hommes toujours dans et par le Christ. Pour cette raison, la parole de Dieu est porteuse d'une promesse du salut qui va de pair avec celle de la justice éternelle englobant les souffrances du passé, la délivrance des situations d'insondable détresse de l'homme et non seulement à la rédemption du péché, de la faute et de la culpabilité. Ainsi, avec la *memoria sui,* la question de la mémoire de la souffrance risque de passer sous silence[182].

6. Conclusion

Cette recherche, centrés sur la notion philosophico-théologique de la mémoire a offert un cadre très riche sur la considération philosophique et théologique de la mémoire.

D'abord, dans le cadre philosophique, le concept de *memoria* trouve son origine en Platon. Il rend possible une

---

[180] Cf. J.B. METZ, *Memoria passionis,* 21.

[181] « Il a plu à Dieu, dans sa bonté et sa sagesse, de se révéler lui-même et de faire connaître le mystère de sa volonté ; par le Christ, Verbe fait chair, les hommes ont, dans le Saint-Esprit, accès auprès du Père, et deviennent participants de la nature divine. Ainsi par cette révélation, provenant de l'immensité de sa charité, Dieu, qui est invisible, s'adresse aux hommes comme à des amis, et converse avec eux pour les inviter à entrer en communion avec lui et les recevoir en cette communion ». VATICAN II, *Dei Verbum,* 2.

[182] Cf. J.B. METZ, *Memoria passionis,* 21.

connaissance rationnelle à partir du rappel d'une connaissance déjà connue bien avant dans le monde des idées grâce à l'âme. La métaphysique, étant étymologiquement *metafisica,* savoir au-delà du physique, se comprend comme une enquête sur l'être, sur le fondement ultime, sur la connaissance et comme une demande de sens[183]. Et Platon donne une réponse à la question métaphysique de comment l'homme accède à une connaissance, à un savoir. Pour lui, c'est grâce à l'*anamnèsis* qui est une donnée que seuls les vrais philosophes possèdent de par leur capacité de s'élever dans le monde des idées. Il s'agit de la métaphysique *a priori* de la raison et de la connaissance avec laquelle la *memoria* devient une chose très abstraite qui n'a rien à faire avec l'histoire, le concret de l'homme dans le temps et dans le monde. Pour cette raison, le champ théologique fait de la *memoria,* une figure de libération de l'homme dans le monde et dans l'histoire.

Ensuite, le champ théologique a offert une vaste réflexion sur la *memoria.* Se basant sur l'origine du concept *memoria,* le verbe grec *anamnèskein* et son substantif correspondant *anamnèsis* qui servent parfois, dans la *Septante,* à rendre la racine hébraïque *zkr,* qui signifie « se souvenir », « faire mémoire », *azkarah :* « rappel », « évocation » ; ce concept invite non seulement à rappeler, mais aussi à continuer à raconter, à témoigner, à attester.

Dans l'Ancien et le Nouveau Testament, la mémoire est au centre des événements fondateurs du judéo-christianisme. Ce dernier trouve son origine en Dieu de l'histoire qui s'est révélé en faisant alliance avec Abraham, Isaac, Jacob, Moïse, le peuple d'Israël, qui les a sauvés de l'esclavage et a donné sa Parole définitive en Jésus de Nazareth. La mise en garde que le Seigneur souligne est l'oubli : « garde-toi d'oublier Yahvé qui t'a fait sortir du pays d'Égypte, de la main de servitude » (Dt 6,12). De la sorte,

---

[183] Cf. G. CUCCI, « La metafisica ha ancora valore ? », 257-268.

la tâche revient à la famille de pouvoir transmettre aux enfants les merveilles accomplies par Dieu en faveur de son peuple (cf. Dt 6,7.21-23). La mémoire se comprend ainsi comme un acte originaire, c'est-à-dire d'un passé qui demeure fondateur d'identité pour chaque génération, un passé qui fonde le présent en tant que présent humain, un passé qui est arrivé une fois pour toutes pour être une présence permanente dans l'histoire du salut en Jésus-Christ, par lui et avec lui (cf. Rm 6,10 ; He 10,10 ; Jd 3)[184].

En faisant mémoire de ces œuvres fondatrices de la foi d'Israël, ces événements viennent critiquer et remettre en cause la stratification sociale qui se vit dans l'aujourd'hui de notre société. Cela voudrait signifier que la *memoria* est une invitation à prendre soin de ceux qui sont aujourd'hui démunis (cf. Dt 24,18-22 ; Mt 25, 37-40). A ce sujet Artus affirme :

> La mémoire de la condition de pauvreté qui était celle du peuple en Égypte motive aujourd'hui le souci du pauvre, et est invitation à des mesures de transformation sociale. Ainsi, la loi éthique et la loi cultuelle, entretiennent un rapport fécond avec la mémoire historique du peuple, rapport qui permet à Israël d'assumer le présent en ayant comme critère de discernement des leçons du passé[185].

C'est bien cela la dimension pratique et libérante de la *memoria* qu'apporte la théologie.

Dans l'histoire et dans le monde, la mémoire est portée par la Tradition et l'Écriture ; elle est célébrée dans la liturgie et est rappelée par le magistère de génération en génération. La mémoire comme origine, ce qui est donnée une fois pour toutes et qui demeure permanent dans l'histoire

---

[184] Cf. L.-M., CHAUVET, «Fondements anthropologiques d'une théologie», 63.

[185] Cf. O. ARTUS, « De l'acte de mémoire à la ritualité dans l'expérience vétérotestamentaire », 29.

créé une relation importante et complémentaire entre la Révélation, la Tradition et l'Écriture. L'Écriture présuppose la Tradition et la Tradition présuppose la Révélation. La Tradition est donc antérieure à l'Écriture elle-même. C'est grâce à la Tradition que l'Écriture est reconnue comme sacrée, c'est-à-dire, inspirée et canonique, et c'est grâce à l'Écriture que la Tradition est reconnue comme divino-apostolique. Ainsi, l'unité entre la Tradition et l'Écriture vient de leur origine qu'est Dieu lui-même. Elles ont toutes deux la même origine, le même contenu, le même service parce qu'elles « constituent l'unique dépôt sacré de la Parole de Dieu confié à l'Église » (DV 10). Elles ont comme auteur primaire Dieu lui-même. Toutes deux témoignent l'effectivité de la Révélation de Dieu qui eut lieu d'abord à Israël et s'est accompli en Jésus-Christ une fois pour toutes et demeure permanant dans l'histoire. Toutes deux réalisent le même service de communication en communiquant la Révélation aux hommes.

L'Écriture est la consignation par écrit du témoignage des événements historiques entre Dieu et l'homme. Elle est ainsi une interprétation croyante, irrémédiablement historique du témoignage, d'une part, du Peuple d'Israël sur les grands événements de l'histoire qu'il a vécus dans la foi comme étapes de la révélation de Dieu, et d'autre part, de Jésus-Christ comme le Révélateur et la Révélation même de Dieu dans l'histoire et la première communauté chrétienne.

La Tradition, quant à elle, est à comprendre comme la manière dont le Peuple de Dieu a écouté, a répété et a réinterprété les événements historiques de l'intervention de Dieu en faveur des hommes de tous les temps et de tous les lieux ; c'est aussi la manière dont la première communauté chrétienne a écouté et réinterprété l'événement Jésus-Christ. Cette conscience des premiers témoins de la Parole fait partie de ce que Dieu a à dire à l'homme et est normative pour la conscience de tous les temps[186]. Ainsi, tout en faisant référence à l'origine, à l'événement fondateur, la Tradition est un principe d'actualisation, c'est-à-dire elle cherche à dégager la signification permanente de la Parole de Dieu à partir de l'intelligence historique que l'homme prend de lui-même et de son monde culturel[187].

Le magistère qui constitue la charge collégiale des évêques, unis au Pontife romain, en vue d'annoncer l'Évangile à temps et à contre temps et de veiller afin que celui-ci soit partout annoncé correctement, a pour rôle principal de donner une interprétation authentique de la Parole de Dieu (cf. DV 10) et de rappeler la mémoire chrétienne dans les différentes circonstances de la vie de l'Église et du monde. De ce fait, Benoît XVI lie la mémoire à Dieu-Amour, révélé en Jésus-Christ, Origine de la foi chrétienne et fondement de la foi, de la charité et de l'espérance de l'homme. De même, François lie la mémoire à la foi, l'histoire, la culture, le peuple et l'espérance. C'est dans cette optique qu'il insiste sur la mémoire de l'avenir, *memoria futuri,* qui est étroitement liée à l'espérance[188] et qui donne force à l'homme de continuer sa route, car faisant partie d'un peuple, il n'est pas seul.

Enfin, chez, saint Augustin[189], dans la mémoire se note le caractère herméneutique qui rend l'homme capable de se comprendre devant Dieu. Il distingue deux mémoires, *memoria Dei* qui renvoie à l'Origine qu'est Dieu et *memoria sui,* par laquelle l'homme se rend présent à lui-même, c'est la conscience de soi dans le moment présent. A la lumière du champ théologique, Metz critique l'*anamnèsis* platoni-

---

[186] Cf. C. GEFFRE, « Esquisse d'une théologie de la Révélation », 185.
[187] Cf. C. GEFFRE, *Un nouvel âge de la théologie,* 58.
[188] FRANÇOIS, *Lumen Fidei,* 9.
[189] Cf. AUGUSTIN, *Les Confessions,* X, 6-27.

cien et augustinien du fait qu'ils ne renvoient qu'à la contemplation sans ouvrir les yeux sur la réalité historique de l'homme dans la société[190].

En somme, en ce XXIe siècle, marqué par un pluralisme religieux, ce livre a l'objectif de présenter le christianisme comme une tradition de mémoire. La raison théologique lui vient de son attachement à un acte originaire de la Révélation de Dieu en Jésus-Christ. Comme religion, le christianisme stimule la collaboration de l'homme à l'œuvre de Dieu pour la construction du monde et de l'histoire selon l'esprit évangélique. De la sorte, à travers la mémoire, la théologie prend au sérieux l'engagement de Dieu et des hommes dans l'histoire et dans la société. C'est cet effort théologique qui justifie la raison d'être de cet ouvrage.

---

[190] Cf. J.B. METZ, *Memoria passionis,* 18.

Bibliographie

ADE, E., « La réception du témoin. La responsabilité des intellectuels africains face à l'histoire », *ATB, Christianisme et humanisme en Afrique. Mélanges en hommage au cardinal Bernardin Ganton,* Paris, 2003, 303-319.

ALFARO, J., « La foi, abandon personnel de l'homme à Dieu et acceptation du message chrétien », *Concilium* 24 (1967) 49-59.

ANGELINI, G., *Il tempo e il rito alla luce delle scritture,* Assisi, 2006.

APARICIO VALLS, M.C., *Ispirazione,* Assisi, 2014.

ARTUS, O., « De l'acte de mémoire à la mémoire ritualisée dans les livres de l'Exode et du Deutéronome », *RETM* 210 (1999) 75-90.

_______, « De l'acte de mémoire à la ritualité dans l'expérience vétérotestamentaire », *Faire mémoire. Actes du colloque 17-18 mars 2014,* Paris, 2015, 23-34.

AUGUSTIN, *La Trinité (Livres VIII-XV),* Paris, 1955.

______, *Les confessions,* Paris, 1962.

BAKKER, L., « La place de l'homme dans la Révélation divine », *Concilium* 24 (1967) 23-37.

BARTH, K., *L'Épitre aux Romains,* Genève, 1972.

BAUDOZ, J.-F., « La place de l'anamnèse dans le Nouveau Testament », in « Faire mémoire ». *L'anamnèse dans la liturgie,* Vaticano, 2011, 27-40.

BAUM, G., « Le magistère dans une Église en évolution », *Concilium* 21 (1967) 61-75.

_______, « Causes culturelles de la transformation du problème de Dieu », *Concilium* 76 (1972) 49-57.

BEAUCHAMP, P., *L'un et l'autre Testament. 2. Accomplir les Ecritures,* Paris, 1990.

BENOIT, P., « Révélation et inspiration selon la Bible chez S. Thomas et dans les discussions modernes », *Exégèse et Théologie* 3 (1968) 84-155.

BENOIT XVI, *Discours de visite au camp de concentration d'Auschwitz. Auschwitz-Birkenau* 28 mai 2006, Vaticano, 2006.

_______, Exhortation apostolique post-synodale *Sacramentum Caritatis,* 22 février 2007, *AAS* 99 (2007) 105-180.

_______, Lettre encyclique *spe salvi,* 30 novembre 2007.

_______, Lettre encyclique *Deus caritas est,* 29 juin 2009.

_______, Exhortation apostolique post-synodale *Africae munus,* 19 novembre 2011.

_______, Exhortation apostolique en forme de motu proprio *Porta fidei,* 11 octobre 2011.

_______, *Imparare a credere,* Città del Vaticano, 2012.

BERE, Z., « Sens et portée de la parole en communication », *RUCAO* 22 (2004), 10-53.

BERGOGLIO, J.M.-FRANCOIS, *Amour, service, humilité. Exercices spirituels donnés à ses frères évêques à la manière de saint Ignace de Loyola,* Paris, 2013.

BONNARD, P., « L'anamnèse, structure fondamentale de la théologie du Nouveau Testament », *RThPh* 3 (1980) 1-22.

_______, *La mémoire et le temps,* Genève, 1991.

BONNET, A.B., *Les fils de la mémoire. L'homme cet animal informatique,* Paris, 1982.

BÖTTIGHEIMER, C., *Comprendere la fede. Una teologia dell'atto di fede,* Brescia, 2014.

BLOCH, E., *Héritage de ce temps,* Paris, 1978.

BRAGUE, R., *Le restant. Supplément aux commentaires du Ménon de Platon,* Paris, 1978.

BREHIER, E., *Histoire de la philosophie.* I. *L'Antiquité et le Moyen Age,* Paris, 1926.

CARDAROPOLI, G., *Introduzione al Cristianesimo. Elementi di Teologie fondamentale alla luce del Vaticano II,* Roma, 1970.

CASEL, O., *Faites ceci en mémoire de moi,* Paris, 1962.

CASSIN, B., ed., *Vocabulaire européen des philosophies. Dictionnaire des intraduisibles,* Paris, 2004.

CASTILLO, F., « Christianisme, religion bourgeoise ou religion du peuple », *Concilium* 145 (1979) 77-86.

CEZ, *Missel romain pour les Diocèses du Zaïre,* Kinshasa, 1969.

_____, *Actes de la XXIII*ème *Assemblée Plénier de l'Episcopat du Zaïre : session ordinaire,* Kinshasa, 1986.

_____, *Présentation de la liturgie de la messe. Supplément au missel romain pour les Diocèses du Zaïre,* Kinshasa, 1989.

CHARAMSA, K.-CAPIZZI, N., ed., *La voce della fede cristiana. "Introduzione al cristianesimo" di Joseph Ratzinger – Benedetto XVI, 40 anni dopo, Atti di congresso* 12, 2009.

CHARPENTIER, E., *Pour lire l'Ancien Testament,* Paris, 1981.

CHAUCHARD, P., *Connaissance et maitrise de la mémoire,* Paris, 1968.

CHAUVET, L.-M., « Fondements anthropologiques d'une théologie de l'anamnèse », *'Faire mémoire'. L'anamnèse dans la liturgie,* Città del Vaticano, 2011, 57-71.

CONGAR, Y. M.-J., *La Tradition et la vie de l'Eglise,* Paris, 1963.

_______, « Les tâches de la théologie après Vatican II », SHOOK, K. – BERTRAND, G-M., *La théologie du renouveau,* Paris, 1968, 17-31.

COURCELLE, P., *Les Confessions de saint Augustin dans la tradition littéraire : antécédents et postérité,* Paris, 1963.

_______, *Recherches sur les Confessions de saint Augustin,* Paris, 1968.

COUSIN, H., « Les récits fondateurs de l'Eucharistie », *CEv.S* 140 (2007) 17-18.

COPLESTON, F., *Histoire de la philosophie. La Grèce et Rome,* Casterman, 1964.

CTI, *L'apostolicité de l'Eglise et la succession apostolique,* Città del Vaticano, 1973.

____, *Magistère et Théologie,* Città del Vaticano, 1975.

____, *Promotion humaine et salut chrétien,* Città del Vaticano, 1976.

____, *Foi et inculturation,* Città del Vaticano, 1988.

____, *Quelques questions sur la théologie de la Rédemption,* Città del Vaticano, 1995.

____, *Mémoire et réconciliation : L'Eglise et les fautes du passé,* Città del Vaticano, 2000.

____, *La théologie aujourd'hui : Perspectives, principes et critères,* Città del Vaticano, 2012.

____, *Sensus fidei dans la vie de l'Eglise,* Città del Vaticano, 2014.

CUCCI, G., «La metafisica ha ancora valore», *La Civiltà Cattolica* 4035-4036 (2018) 256-268.

DEJAIFVE, G., « Bible, Tradition, Magistère dans la théologie catholique », *N.R.T.* 78 (1956) 135-151.

DE LUBAC, H., *La Révélation divine,* Paris, 1983.

DERRIDA, J., *D'un ton apocalyptique adopté naguère en philosophie,* Paris, 1982.

DESCOUVEMONT, P., *Guide des difficultés de la foi catholique,* Paris, 1990.

DENZINGER, H., *Symboles et définitions de la foi catholique,* Paris, 2010.

DULLES, A., *Il fondamento delle cose sperate. Teologia della fede cristiana,* Brescia, 1997.

_______, « Tradizione : autentica e non autentica », *Communio (I)* 178 (2001) 17-23.

DUMONT, P.C., *Dieu, bien entendu. Le génie intellectuel du christianisme,* Paris, 2016.

DUQUOC, C., *Christianisme mémoire pour l'avenir,* Paris, 2000.

ESPEJA, J., *L'Église, mémoire et prophétie,* Paris, 1987.

FABRIZI, F., *Liberare Dio. Dal Dio della ragione al Dio dell'alleanza biblica,* Verucchio, 2007.

FABRIS, R., ed., *Introduzione generale alla Bibbia,* Torino, 1994.

FAIVRE, B., « Eucharistie et mémoire », *NRTh* 90 (1968) 278-290.

FATTAL, M., ed., *La philosophie de Platon,* 2, Paris, 2005.

FILLOUX, J-C., *La mémoire,* Paris, 1965.

FEINER, J., « Révélation et Église. Église et Révélation », *Mysterium salutis* (1969) 9-69.

FERRETTI, G., *Essere cristiani oggi. Il* « nostro » cristianesimo nel moderno mondo secolare, Torino, 2011.

______, *Spiritualità cristiana nel mondo moderno. Per un superamento della mentalità sacrificale,* Assisi, 2016.

FINIFINI, A.M., « Les actes du magistère socio-politique de la CENCO, du Memorandum de 1990 à 2006. La fin de la transition politique », *Culture et foi dans la théologie africaine. Le dynamisme de l'Église Catholique au Congo Kinshasa,* Paris, 2014, 45-57.

FORTE, B., *La teologia come compagnia, memoria e profezia. Introduzione al senso e al metodo della teologia come storia,* Milano, 1987.

______, *La trasmissione della fede,* Brescia, 2014[2].

FOUILLEE, A., *La théorie des idées.* I. *Exposition de la philosophie platonicienne,* Paris, 1869.

______, La *théorie des idées.* II. *Histoire de la philosophie platonicienne dans l'antiquité,* Paris, 1869.

FRANÇOIS, Exhortation apostolique *Evangelii Gaudium,* 24 Novembre 2013, *AAS* 105 (2013), 1019-1137.

______, Lettre Encyclique *Lumen Fidei,* 29 juin 2013, *AAS* 105 (2013), 555-596.

______, *L'Église que j'espère. Entrétien avec le Père Spadaro s.j.,* Barcelone, 2014.

______, Lettre Encyclique *Laudato si',* 24 mai 2015, *AAS*

______, Exhortation Apostolique *Amoris laetitia,* 19 mars 2016, *AAS* 108 (2016) 311-446.

______, *Rencontre avec le clergé du diocèse de Rome,* 2 mars 2017.

______, Constitution Apostolique *Veritatis gaudium sur les Universités et les facultés ecclésiastiques,* 8 décembre 2017, *AAS*

______, Exhortation Apostolique *Gaudete et Exsultate,* 19 mars 2018, *AAS*

______, *Homélie de la messe de commémoration des fidèles défunts,* 2 novembre 2019.

______, *Un pauvre crie, le Seigneur entend. Message du Saint-Père pour la journée mondiale des pauvres,* 18 novembre 2018, *AAS*

______, *Journée mondiale des pauvres Homélie du 18 novembre 2018.*

FRIES H., « La Révélation », *Mysterium salutis* 1 (1969) 207-295.

FRUTIGER, P., *Les mythes de Platon. Étude Philosophique et littéraire,* Paris, 1930.

GARCIA, J.G., *Teologia del tempo. Saggio sulla memoria, la promessa e la fecondità,* Bologna, 2014.

GEFFRE, C., « L'histoire récente de la théologie fondamentale. Essai d'interprétation », *Concilium* 46 (1969) 11-27.

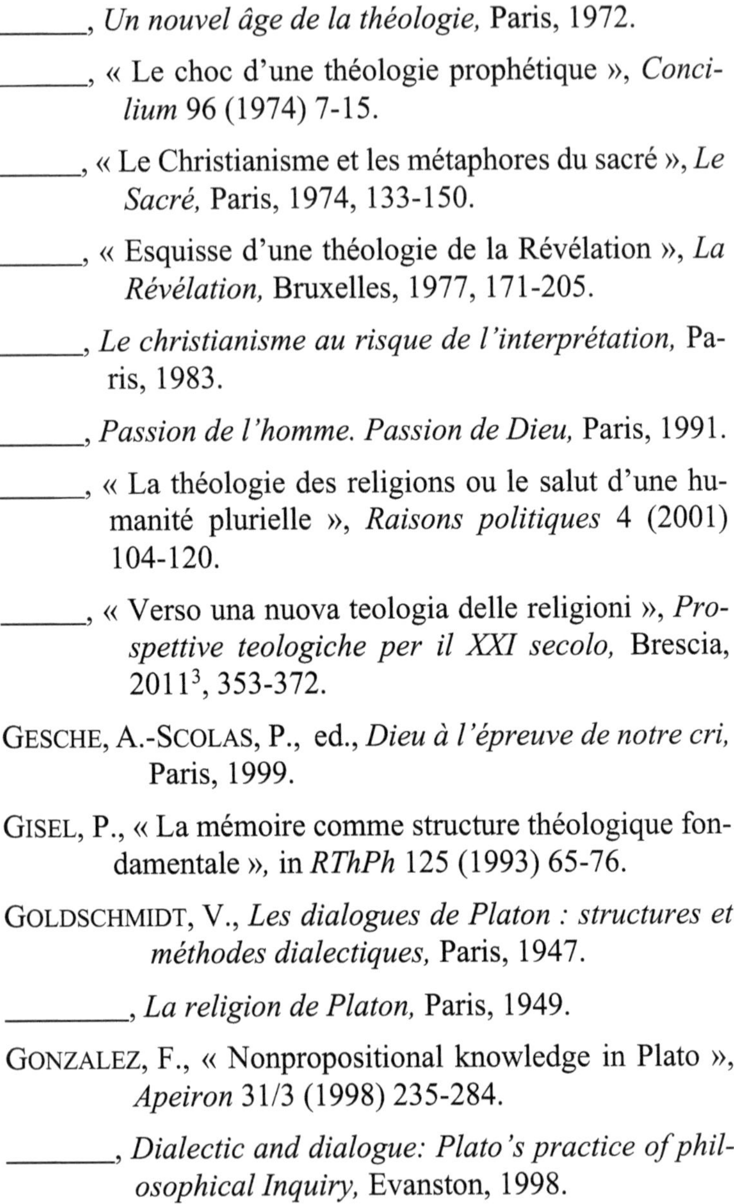

______, *Un nouvel âge de la théologie,* Paris, 1972.

______, « Le choc d'une théologie prophétique », *Concilium* 96 (1974) 7-15.

______, « Le Christianisme et les métaphores du sacré », *Le Sacré,* Paris, 1974, 133-150.

______, « Esquisse d'une théologie de la Révélation », *La Révélation,* Bruxelles, 1977, 171-205.

______, *Le christianisme au risque de l'interprétation,* Paris, 1983.

______, *Passion de l'homme. Passion de Dieu,* Paris, 1991.

______, « La théologie des religions ou le salut d'une humanité plurielle », *Raisons politiques* 4 (2001) 104-120.

______, « Verso una nuova teologia delle religioni », *Prospettive teologiche per il XXI secolo,* Brescia, 2011[3], 353-372.

GESCHE, A.-SCOLAS, P., ed., *Dieu à l'épreuve de notre cri,* Paris, 1999.

GISEL, P., « La mémoire comme structure théologique fondamentale », in *RThPh* 125 (1993) 65-76.

GOLDSCHMIDT, V., *Les dialogues de Platon : structures et méthodes dialectiques,* Paris, 1947.

________, *La religion de Platon,* Paris, 1949.

GONZALEZ, F., « Nonpropositional knowledge in Plato », *Apeiron* 31/3 (1998) 235-284.

_______, *Dialectic and dialogue: Plato's practice of philosophical Inquiry,* Evanston, 1998.

_______, « How is the truth of beings in the soul? Interpreting Anamnesis in Plato », *Elenchos* 28/2 (2007) 275-301.

GULLEY, N., *Plato's theory of knowledge,* London, 1962.

GUTHRIE, W.K., *Protagoras and Meno,* Toronto, 1956.

GRELOT, P., *Corps et sang du Christ en gloire. Enquête dogmatique*, Paris, 1999.

HAAG, H., « De la Parole de Dieu au livre de l'Écriture sainte », *Mysterium salutis* 2 (1969) 73-228.

HEIDEGGER, M., *Kant et le problème de la métaphysique,* Paris, 1959.

IONESCU, C., *Plato's Meno : an interpretation,* Lanham, 2007.

JEAN, G., *L'écriture, mémoire des hommes,* Paris, 1986.

JEANROND, W., «Anonymes Christentum», *Religion in Geschichte und Gegenwart,* I, Tübingen, 1998, col. 510-511.

JOBIN, G., « L'éthique théologique dans l'espace public des sociétés postséculières », *Etudes théologiques et religieuses* 81 (2008/3) 337-351.

KABONGO, E.F., *Le rite zaïrois. Son impact sur l'inculturation du catholicisme en Afrique,* Bruxelles, 2008.

KABASELE, L.F., « Du rite romain au rite zaïrois », *BThA* (1982) 222-223.

_________, *Alliances avec le Christ en Afrique. Inculturation des rites religieux au Zaïre,* Paris, 1994.

_______, « L'"Eglise-Famille" en Afrique », *Concilium* 260 (1995) 125-131.

KASPER, W., *Dogme et Evangile,* Paris, 1967.

_____, *La liturgia della Chiesa,* Brescia, 2015.

KOKOUVI ZIKPI, P., *Le caractère obligatoire de l'engagement de l'autorité ecclésiastique catholique pour la promotion de la justice sociale. Une lecture du magistère en confrontation avec la théologie politique de Johann Baptist Metz,* Romae, 2013.

KOLVENBACH, P.-H., « Fidélité créatrice dans la mission », *RSI* 95 (2000) 27-43.

KOMBA, L.B., «Les sujets de la Parole de Dieu», *Une théologie prophétique pour l'Afrique,* Kinshasa, 2004, 465-482.

KRINGS, H., ed., *Concetti fondamentali di filosofia.* II. *Fenomeno-Potere,* Brescia, 1982.

LALANDE, A., *Vocabulaire technique et critique de la philosophie,* Paris, 1926.

LATOURELLE, R., *La théologie de la Révélation,* Paris, 1963.

________, *Teologia della rivelazione. Mistero dell'Epifanio di Dio,* Assisi, 1996.

LEDOUX, F.L., « La révélation divine. Commentaire de Henri de Lubac », *La vie spirituelle* 757 (2005) 148.

LENGSFELD, P., « La tradition dans le temps constitutif de la Révélation », *Mysterium salutis* 2 (1969) 5-24.

LENOIR, F., ed., *Encyclopédie des religions,* Paris, 1977.

LEON-DUFOUR, X., (ed.), *Vocabulaire de théologie biblique,* Paris, 1970[2].

_______, « Faites ceci en mémoire de moi Luc 22,19 ; 1 Co 11,25 », *Christus* 24 (1977) 200-208.

LEPARGNEUR, H., « Pauvreté-efficace. Un dilemme pour l'Église », *Concilium* 124 (1977) 115-123.

LOEWENTHAL, E., *Haggadah, il racconto della Pasqua,* Torino, 2009.

LUCIANI, E., *Les Confessions de saint Augustin dans les lettres de Pétrarque,* Paris, 1982.

MANARANCHE, A., *Ceci est mon corps,* Paris, 1975.

MAVUNGA NGOMA, F., *Missel romain pour les diocèses du Zaïre. Description analytico-critique pour une perspective de propagation formative,* Romae, 2005.

MARCEL, G., « La fidélité créatrice », *RIP* 5 (1939) 90-115.

MARTINI, C.M., *La Parola di Dio alle origini della Chiesa,* Roma, 1980.

METZ, J.B., *Memoria Passionis. Un souvenir provocant dans une société pluraliste,* Paris, 2009 ; org. allemand *Memoria passionis. Ein provozierendes Gedächtnis in pluralistischer Gesellschaft,* Freiburg im B., 2006.

______, *Povertà nello spirito – Passione e passioni,* Brescia, 2007; org. allemand *Armut in Geiste. Passion und Passionen,* Münster, 2007.

______, « Auschwitz: termine locale irrinunciabile di un discorso cristiano su Dio », in BENEDETTO XVI – *al., Dove era Dio? Il discorso di Auschwitz,* Brescia, 2007, 45-60. Org. allemand *Wo war Gott? Die Rede in Auschwitz,* Freiburg, 2006.

MOUROUX, J., *Faites ceci en mémoire de moi,* Paris, 1992.

NORA, P., ed., *Les lieux de mémoire.* II. *La nation,* Paris, 1986.

O'COLLINS, G., « Criteri per l'interpretazione delle tradizioni », LATOURELLE, R.- O'COLLINS, G., ed., *Problemi e prospettive di teologia Fondamentale,* Brescia, 1980, 397-411.

PAGOLA, J.A., *Annunciare Dio come Buona notizia,* Bologna, 2017.

PATSCH, F., « Rivelazione, contesto, verità. Il magistero di Papa Francesco in tempo di transizione », TENACE, M., ed., *Dal chiodo alla chiave. La teologia fondamentale di Papa Francesco,* Vaticano, 2017, 45-72.

PILOTE, G., *La réminiscence chez Platon. Théorie de la connaissance ; anthropologie ; éthique,* Ottawa, 2016.

POTTMEYER, H.J., « Norme, criteri e strutture della tradizione », KERN, W., ed., corso di teologia fondamentale. IV. Trattato di gnoseologia teologica, Brescia, 1990, 137-172.

POULET, F., *Célébrer l'Eucharistie après Auschwitz. Penser la théodicée sur un mode sacramentel,* Paris, 2015.

PLATON, *Gorgias – Ménon,* Paris, 1955.

_______, *Timée – Critias,* Paris, 1956.

_______, *Parménide,* Paris, 1956.

_______, *Philèbe,* Paris, 1959.

_______, *Apologie de Socrate,* Paris, 1961.

_______, *Le sophiste,* Paris, 1963.

_______, *Phédon,* Paris, 1965.

_______, *Théétète,* Paris, 1965.

______, *Politique,* Paris, 1970.

______, *Phèdre,* Paris, 1985.

RAHNER, K., « Réflexions théologiques sur le problème de la sécularisation », SHOOK, K. – BERTRAND, G-M., *La théologie du renouveau,* Paris, 1968, 257-279.

______, « Philosophie et théologie », RAHNER, K., *Ecrits théologique.* VII, Bruges, 1967.

______, *L'homme à l'écoute du Verbe. Fondements d'une philosophie de la religion,* Paris, 1968.

______, « Die anonymen Christen », *Schriften zur Theologie* VI, Zurich-Einsiedeln, 1968, 545-554.

______, « La questione sul future. Sulla base teologica della critica Cristiana alla società », PEUKERT, H., - *al.*, *Dibattito sulla teologia politica,* Brescia, 1971, 179-205.

______, *Traité fondamental de la foi. Introduction au concept du christianisme,* Paris, 1983.

______, *Le courage du théologien,* Paris, 1985.

______, *Dieu Trinité. Fondement transcendant de l'histoire du salut,* Paris, 1999[2].

RAHNER, K.-RATZINGER, J., *Révélation et tradition,* Paris, 1972.

RATZINGER, J., *Elementi di teologie fondamentale. Saggi sulla fede e sul ministero,* Brescia, 1986.

______, *La mort et l'au-delà. Court traité d'espérance chrétienne,* Paris, 1994[2].

______, *L'unique alliance de Dieu et le pluralisme des religions,* Paris, 1999.

______, *L'esprit de la liturgie,* Genève, 2001.

______, *Dieu nous est proche. L'Eucharistie au cœur de l'Eglise,* Paris, 2003.

______, *Dieu se cache sous les traits d'un enfant,* Paris, 2008.

RATZINGER, J.-BENOIT XVI, *La foi chrétienne. Hier et aujourd'hui,* Paris, 2005.

______, *Les principes de la théologie catholique. Esquisse et matériaux,* Paris, 2005.

______, *Dieu nous est proche. L'Eucharistie au cœur de l'Église,* Paris, 2005.

______, *Jésus de Nazareth.* 1. *Du baptême dans le Jourdain à la transfiguration,* Paris, 2007.

______, *Introduzione al cristianesimo. Lezione sul simbolo apostolico,* Brescia, 2012.

______, *Jésus de Nazareth. La figure et le message,* Vatican, 2013.

______, *Libérer la liberté. Foi et politique,* Vatican, 2018.

RICŒUR P., *Le conflit des interprétations. Essais d'herméneutique,* Paris, 1969.

______, *Temps et récit.* III. *Le temps raconté*, Paris, 1985.

______, *Le mal, un défi à la philosophie et à la théologie,* Genève, 1996.

______, *La Mémoire, l'histoire et l'oubli,* Paris, 2000.

RENDTORFF, R., *La « formula dell'alleanza ». Ricerca esegetica e teologica,* Brescia, 2001.

RIVAUX, A., *Histoire de la philosophie.* I. *Des origines à la Scolastique,* Paris, 1960.

RIVIERE, P., *Le livre des religions monothéistes,* Paris, 2004.

ROBIN, L., *La théorie platonicienne de l'amour,* Paris, 1908.

ROMANO, P., *Temi teologici della bibbia,* Torino, 2010.

ROQUE, B-M., *Le monde comme problème de théologie fondamentale chez Jean Baptiste Metz. Herméneutique et contexte après le tournant anthropologique,* Paris, 2007.

______, « Réception et interprétation de la théologie politique de J.B. Metz », *LTP* 632 (2007) 259-274.

______, « Mais que fait la…théologie politique ? », *Transversalités* 123 (2012/3) 7-25.

______, « Jean-Baptiste. Le rôle possible de la mémoire en théologie fondamentale », *Actes du Colloque 17-18 mars 2014. Faire mémoire,* Paris, 2015, 35-51.

ROSS, W. P., *Plato's theory of ideas,* Oxford, 1981.

SABETTA, A., *Rivelazione,* Assisi, 2016.

SANTEDI, K.L., *Dogme et inculturation. Perspective d'une théologie de l'invention,* Paris, 2003.

SCANNONE, J.C., *La théologie du peuple. Racines théologiques du pape François,* Namur, 2017.

SESBOÜE, B., *Croire. Invitation à la foi catholique pour les femmes et les hommes du XXI*ème *siècle,* Paris, 1999.

________, *L'homme, merveille de Dieu,* Paris, 2015.

SEUMOIS, X., *L'adaptation dans le culte,* Léopoldville, 1959.

SOEDE, N., *Cri de l'homme africain et christianisme. Jean-Marc Ela, une passion pour l'opprimé,* Abidjan, 2009.

______, « Révélation judéo-chrétienne du Dieu créateur », *Culture et foi dans la théologie africaine. Le dynamisme de l'Église catholique au Congo Kinshasa,* Paris, 2014, 59-80.

SOMBORO, J., *Parole et Révélation. Une relecture africaine de la théologie de la Révélation de Karl Rahner,* Paris, 2016.

SCOLNICOV, S., *Anamnèse et structure des idées dans le Théétète* et dans le *Parménide, La Philosophie de Platon* 2 (2005) 139-158.

STEWART, J. A., *Plato's doctrine of Ideas,* New York, 1964.

SUENENS, L-J., « La coresponsabilité idée maîtresse du Concile, et ses conséquences pastorales », SHOOK, K. – BERTRAND, G-M., *La théologie du renouveau,* Paris, 1968, 7-15.

SUNGU., M.J., *De l'anamnèse eucharistique à l'anamnèse ecclésiologique. Étude de l'anamnèse comme principe structurant de l'Eglise,* Berne, 2015.

TILLIETTE, X., «La 'fidélité créatrice' Gabriel Marcel», *Communio* 4 (1976) 49-57.

UWINEZA, M., «Fare memoria del genocidio in Rwanda», *La Civiltà Cattolica* 4004 (2017) 172-185.

VATICAN II, Constitution dogmatique *Lumen Gentium,* 21 novembre 1964, *AAS* 57 (1965), 5-75.

______, Constitution *Sacrosanctum Concilium,* 4 décembre 1964, *AAS* 56 (1964), 97-138.

______, Constitution dogmatique *Dei Verbum,* 18 novembre 1965, *AAS* 58 (1966), 817-836.

______, Constitution pastorale *Gaudium et Spes,* 7 décembre 1965, *AAS* 58 (1966), 1025-1120.

VON BALTHASAR, H.U., *La gloire et la croix,* Paris, 1965.

WACKENHEIM, C., « Écriture et Tradition depuis le Concile de Trente : histoire d'un faux problème », *RSR* 55-4 (1981) 237-252.

WEDER, H., « Le souvenir évangélique. Réflexions néotestamentaires sur la présence du passé », *La Mémoire et le temps.* Fs. P. Bonnard, Genève, 1991, 31-53.

WESTERMANN, C., *Théologie de l'Ancien Testament,* Genève, 1985.

WHELAN, G., « Il metodo teologico di Papa Francesco », TENACE, M., ed., *Dal chiodo alla chiave. La teologia fondamentale di Papa Francesco,* Vaticano, 2017, 113-133.

XAVIER, J., *Political theology as practical fundamental theology : a study of J.B. Metz (b. 1928),* Roma, 2005.

______, « Dinamiche di fede nel pensiero di Papa Francesco », TENACE, M., ed., *Dal chiodo alla chiave. La teologia fondamentale di Papa Francesco,* Vaticano, 2017, 15-32.

TABLE DES MATIÈRES

Structures éditoriales du groupe L'Harmattan

L'Harmattan Italie
Via degli Artisti, 15
10124 Torino
harmattan.italia@gmail.com

L'Harmattan Hongrie
Kossuth l. u. 14-16.
1053 Budapest
harmattan@harmattan.hu

L'Harmattan Sénégal
10 VDN en face Mermoz
BP 45034 Dakar-Fann
senharmattan@gmail.com

L'Harmattan Cameroun
TSINGA/FECAFOOT
BP 11486 Yaoundé
inkoukam@gmail.com

L'Harmattan Burkina Faso
Achille Somé – tengnule@hotmail.fr

L'Harmattan Guinée
Almamya, rue KA 028 OKB Agency
BP 3470 Conakry
harmattanguinee@yahoo.fr

L'Harmattan RDC
185, avenue Nyangwe
Commune de Lingwala – Kinshasa
matangilamusadila@yahoo.fr

L'Harmattan Congo
67, boulevard Denis-Sassou-N'Guesso
BP 2874 Brazzaville
harmattan.congo@yahoo.fr

L'Harmattan Mali
Sirakoro-Meguetana V31
Bamako
syllaka@yahoo.fr

L'Harmattan Togo
Djidjole – Lomé
Maison Amela
face EPP BATOME
ddamela@aol.com

L'Harmattan Côte d'Ivoire
Résidence Karl – Cité des Arts
Abidjan-Cocody
03 BP 1588 Abidjan
espace_harmattan.ci@hotmail.fr

L'Harmattan Algérie
22, rue Moulay-Mohamed
31000 Oran
info2@harmattan-algerie.com

L'Harmattan Maroc
5, rue Ferrane-Kouicha, Talaâ-Elkbira
Chrableyine, Fès-Médine
30000 Fès
harmattan.maroc@gmail.com

Nos librairies en France

Librairie internationale
16, rue des Écoles – 75005 Paris
librairie.internationale@harmattan.fr
01 40 46 79 11
www.librairieharmattan.com

Lib. sciences humaines & histoire
21, rue des Écoles – 75005 Paris
librairie.sh@harmattan.fr
01 46 34 13 71
www.librairieharmattansh.com

Librairie l'Espace Harmattan
21 bis, rue des Écoles – 75005 Paris
librairie.espace@harmattan.fr
01 43 29 49 42

Lib. Méditerranée & Moyen-Orient
7, rue des Carmes – 75005 Paris
librairie.mediterranee@harmattan.fr
01 43 29 71 15

Librairie Le Lucernaire
53, rue Notre-Dame-des-Champs – 75006 Paris
librairie@lucernaire.fr
01 42 22 67 13